A la Com.té des Ursulines de Bourges

+

françoise Genet femme de antoine banson a tonnerre le 22 7bre 1767

~~bachelier~~

..

LES PRIERES

POUR

LES AGONIZANS,

ET

L'OFFICE PROPRE

DE St. JOSEPH.

Avec les Regles & les Statuts de la Confrérie des Agonizans,

Unie à celle de Paris, & érigée en l'Eglise paroissiale de saint Pierre de la ville de Tonnerre.

Et les Reglemens de l'association des Filles de la Vierge, suivis des Priéres du Salut pour chaque temps de l'Année.

A PARIS.

M. DCC. LXVII.

Avec Approbation & Permission.

Mes chers Confréres, on a crû nécessaire de vous prévenir sur chacun des *Offices*, *Instructions & Reglemens* qui composent ce Recueil. Vous jugerez par vous-mêmes de leur utilité ; & l'on espere que ce qui n'a été fait que pour la gloire de Dieu, portera par sa miséricorde des fruits de grace & de sanctification dans les cœurs qui n'aspirent qu'à l'éternelle félicité. Je me re commande à vos priéres.

EPITRE DÉDICATOIRE.

AUX CONFRERES.

LA Religion chrétienne que nous professons, étant fondée sur la charité, nous oblige de rendre les derniers devoirs à tous ceux qui la professent. Et comme il n'y a personne qui en ait un si grand besoin que les Agonizans, il n'y a point aussi de Confrérie où les fidéles doivent s'unir davantage, que dans celle qui les engage à s'intéresser pour des ames qui sont prêtes à aller rendre compte à Dieu de leurs actions. Car représentez-vous un homme dans l'agonie de la mort, de qui peut-être l'ame croupit dans une conscience mauvaise, d'une ignorance criminelle, d'un attachement déréglé à quelque créature, d'une volonté non résignée à la mort, & sur-tout dans l'impuissance de s'aider soi-même ; d'autre côté, dans les douleurs d'une mort effroyable, dans le dernier péril de son salut, exposé à des Démons qui sont des géans très puissans, dit saint Bernard, qui tiennent les chemins, occupent les avenuës, & épient les pasſans ; enfin ſur le point de tomber entre les mains du Dieu vivant, pour recevoir de lui un dernier jugement de rigueur : y a-t-il moment en toute notre vie plus important à notre ſalut ? Y a-t-il une heure où le ſecours des Saints & des Juſtes nous ſoit plus néceſſaire ? Y a-t-il un temps qui demande plus promptement le ſecours de nos priéres ? Non, à la vérité, puiſque l'heure de la mort décide de l'éternité bienheureuſe ou malheureuſe. Enviſageons avec les yeux de la foi, l'extrême beſoin du ſalut de notre prochain : ne l'abandonnons point ſur ſon lit de douleur, ſans le ſecourir de nos priéres : en cet état, ſoyons charitables à ce pauvre agonizant : allons au ſaint Sacrement de l'Autel expoſé pour lui, afin de prier pour ſon ſalut : implorons l'aſſiſtance de Marie, que ſaint Bonaventure appelle celle qui combat pour les agonizans : intéreſſons-nous pour lui avec ſaint Joſeph, protecteur des agonizans, & le prions qu'il obtienne cette faveur de Dieu, qu'à l'heure de ſa mort il ſoit aſſiſté de Jeſus & de Marie. Animons-nous à cette charité, en nous repréſentant quelle ſera la reconnoiſſance de ce pauvre agonizant, ſi par nos priéres il obtient la grace de bien mourir. Eh, quelle protection ne nous donnera pas ce Lazare, lorſqu'il repoſera dans le ſein d'Abraham ?

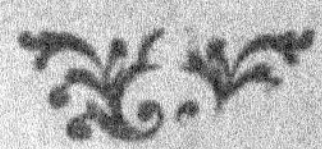

APPROBATION

De Monseigneur l'Evêque Duc de Langres, Pair de France.

NOus FRANÇOIS DE CLERMONT TONNERRE, Evêque Duc de Langres, Pair de France; entrant avec plaisir dans les saintes intentions de feu Monseigneur ZAMET, l'un de nos plus saints prédécesseurs, avons depuis plusieurs mois confirmé la Confrérie des Agonizans, sous l'invocation de saint Joseph, par lui établie dans l'Eglise de saint Pierre de Tonnerre; & ayant dessein de contribuer à la rendre plus utile que jamais à la sanctification des peuples, avons approuvé & approuvons les Statuts ci-dessus; exhortant les fidéles d'entrer dans un esprit de charité qui est le lien de la perfection dans cette communion de priéres, pour ceux qui étant prêts d'aller rendre compte à Dieu de leurs actions, ont besoin d'une miséricorde particuliére pour obtenir les graces nécessaires dans ces tristes momens, où le démon fait ses derniers efforts pour profiter de la foiblesse des mourans. C'est dans cette vuë, que non-seulement nous permettons & confirmons l'érection de ladite Confrérie, mais que comme pere commun des fidéles de notre Diocèse, & chargé du salut de leurs ames, nous les exhortons d'entrer dans cette Confrérie pour profiter des graces qu'il plaira à Dieu d'y répandre. Donné à Mussy dans notre Château le 22 Mai 1702. *Signé* † FRANÇOIS, Evêque Duc de Langres. Et plus bas, Par Monseigneur, BEAUCOUSIN, avec le sceau de mondit Seigneur.

AUTRE APPROBATION.

De Monseigneur l'Evêque Duc de Langres, Pair de France.

GILBERT DE MONTMORIN DE SAINT HEREM, Evêque Duc de Langres, Pair de France, Commandeur de l'Ordre du Saint-Esprit. Vû les Réglemens ci-dessus, nous les avons approuvés & approuvons par ces présentes, à condition que si dans la suite nous jugeons à propos d'y changer ou diminuer, les Consœurs s'y conformeront exactement. En conséquence nous permettons les Expositions & Bénédictions spécifiées dans lesdits Réglemens.

Donné à Mussy, sous notre seing & le contre-seing de notre Secrétaire, le dix-sept Juillet mil sept cent cinquante-quatre.

Signé, † G. Evêque de Langres.

Et plus bas PEIGNÉY.

APPROBATION

De Monſeigneur l'Evêque Duc de Langres, Pair de France.

NOus FRANÇOIS DE CLERMONT TONNERRE, Evêque Duc de Langres, Paire de France; entrant avec plaiſir dans les ſaintes intentions de feu Monſeigneur ZAMET, l'un de nos plus ſaints prédéceſſeurs, avons depuis pluſieurs mois confirmé la Confrérie des Agonizans, ſous l'invocation de ſaint Joſeph, par lui établie dans l'Egliſe de ſaint Pierre de Tonnerre; & ayant deſſein de contribuer à la rendre plus utile que jamais à la ſanctification des peuples, avons approuvé & approuvons les Statuts ci-deſſus; exhortant les fidéles d'entrer dans un eſprit de charité qui eſt le lien de la perfection dans cette communion de priéres, pour ceux qui étant prêts d'aller rendre compte à Dieu de leurs actions, ont beſoin d'une miſéricorde particuliére pour obtenir les graces néceſſaires dans ces triſtes momens, où le démon fait ſes derniers efforts pour profiter de la foibleſſe des mourans. C'eſt dans cette vuë, que non-ſeulement nous permettons & confirmons l'érection de ladite Confrérie, mais que comme pere commun des fidéles de notre Diocéſe, & chargé du ſalut de leurs ames, nous les exhortons d'entrer dans cette Confrérie pour profiter des graces qu'il plaira à Dieu d'y répandre. Donné à Muſſy dans notre Château le 22 Mai 1702. *Signé* † FRANÇOIS, Evêque Duc de Langres. Et plus bas, Par Monſeigneur, BEAUCOUSIN, avec le ſceau de mondit Seigneur.

AUTRE APPROBATION

De Monſeigneur l'Evêque Duc de Langres ; Paire de France.

GILBERT DE MONTMORIN DE SAINT HEREM ; par la grace de Dieu & du ſaint Siége Apoſtolique, Evêque Duc de Langres, Pair de France, Commandeur de l'Ordre du Saint-Eſprit. Notre zèle pour le ſalut des ames qui nous ſont confiées, doit augmenter à proportion des efforts que le démon fait pour les perdre ; & comme il n'en a peut-être jamais fait de plus grands pour éteindre dans le cœur des fidéles tous ſentimens de foi, de Religion & de piété, nous ne pouvons auſſi apporter trop de ſoin & d'attention à conſerver & même perfectionner les moyens que nous trouvons établis dans notre Diocèſe pour y ſoutenir ces précieux ſentimens. Les différents exercices de piété qu'un certain nombre de fidéles pratiquent de concert : exercices utiles à ces fidéles par les graces qu'ils leur attirent ; & à toute l'Egliſe, par l'édification qu'elle en reçoit, ſont ſans doute un de ces moyens ſalutaires. C'eſt par ce motif que nous louons, approuvons & confirmons la Confrérie des Agonizants, établie dans l'Egliſe de Saint Pierre de Tonnerre, par Monſeigneur de ZAMET, l'un de nos prédéceſſeurs. Exhortons les fidéles à la pratique des bonnes œuvres qui y ſont en uſage.

Donné à Paris, le vingt-neuf Décembre mil ſept cent ſoixante-ſix.

Signé, † G. Evêque de Langres.

Par Monſeigneur PELLETIER.

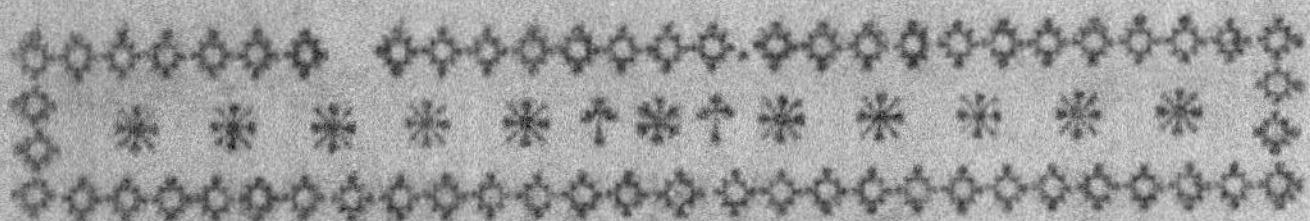

EXERCICE
PENDANT LA SAINTE MESSE.

Instruction sur la maniére dont le Pécheur pénitent doit entendre la sainte Messe.

LA sainte Messe est le sacrifice du Corps & du Sang de JESUS-CHRIST. Cette prémiere idée renferme tout ce qu'on peut concevoir de plus saint, de plus grand, & de plus respectable. Il suffiroit par conséquent de bien peser la nature du Sacrifice, pour conclure qu'on y doit assister avec des dispositions toutes formées par l'esprit de la foi, de la religion & de la piété la plus solide. L'Eglise a toujours été si persuadée de la sainteté du Sacrifice de la Messe, que dans les jours de la ferveur de ses enfans elle n'admettoit point à la célébration des saints Mystéres ceux qui étoient tombés dans quelque crime. Les Pénitens même, pendant le temps de leur pénitence, ne pouvoient assister qu'à la partie de la Messe qu'on appelle *la Messe des Catéchumenes*, c'est-à-dire, depuis l'Introït jusqu'à l'Evangile inclusivement. La discipline de l'Eglise a changé, & elle veut bien recevoir aujourd'hui à la célébration du saint Sacrifice ceux que leurs crimes devroient en exclure au moins pour un temps. Mais quoique l'usage soit changé, l'esprit de l'Eglise, qui est celui de Dieu, est toujours le même. Elle exige donc encore aujourd'hui que les pécheurs pénitens qui assistent à la sainte Messe, se souviennent qu'ils sont traités avec beaucoup d'indulgence ; que les choses saintes ne sont que pour les Saints, & que s'ils se trouvent heureusement mêlés dans l'assemblée des vrais Disciples de Jesus-Christ, ils doivent eux-mêmes dans le secret faire le discernement que la conviction de leur misere les engage de faire entre le pécheur & le juste.

Ces vérités supposées, le pécheur pénitent, avant que de se présenter au Sacrifice de la sainte Messe, se purifiera devant Dieu par le sacrifice d'un cœur contrit & humilié. Il se lavera dans ses larmes. Il renoncera de tout son cœur au péché, & n'usera qu'avec un saint tremblement de l'indulgence que l'Eglise lui accorde d'assister au Sacrifice du Corps & du Sang de celui dont il a profané l'alliance par la multitude de ses crimes. Il faudroit qu'un pécheur se trouvât à la sainte Messe au moins dans les dispositions du Publicain de l'Evangile. Il se tenoit au bas du Temple ; il n'osoit lever les yeux vers le ciel ; il frapoit sa poitrine ; il disoit à Dieu : *Seigneur, ayez pitié de moi, qui ne suis qu'un pauvre pécheur.* Ainsi je voudrois qu'un pécheur pénitent eût la retenuë & cette sainte humilité dont le Publicain lui donne l'exemple : je voudrois qu'il cherchât la derniére place dans l'Eglise, qu'il ne s'approchât jamais de nos saints Autels, qu'il eût toujours les yeux fixés vers la terre, & que rien ne le pût détourner de l'application continuelle qu'il doit avoir sur ses miséres. Je voudrois que sa conscience & son cœur fussent les livres où il prendroit la forme de ses priéres. Enfin je crois que pour honorer le saint lieu où il se trouve, & les saints mystéres auxquels il assiste, il ne devroit se présenter à Jesus-Christ qu'avec les dispositions qui lui conviennent, & que toutes ses priéres devroient se réduire à dire à Dieu : *Seigneur, on offre sur vos Autels cette Victime adorable qui s'est offerte sur la croix pour les pécheurs ; j'ai le malheur d'être de ce nombre : mais, ô mon Dieu, ne me refusez pas la grace de participer aux mérites d'un sacrifice qui est le prix de mon salut.*

En entrant dans l'Egliſe.

TREMBLEZ, mon ame, vous allez paroître devant le ſanctuaire de votre Dieu. Ce lieu eſt ſaint, & je ſuis un pecheur; il eſt terrible, & je l'ai profané par mes impiétés; c'eſt la maiſon de mon Dieu, je ſuis indigne d'y entrer : c'eſt la porte du ciel, & je me la ſuis fermée par mes crimes. O mon Dieu, à quelles ténébres ai-je été livré juſqu'ici ! Vous êtes la gloire de votre Sanctuaire, vous y habitez pour notre conſolation, vous y êtes vraiment le Dieu caché, & je m'en ſuis approché comme ſi je ne le ſçavois pas. Ne le permettez plus, ô mon Dieu : animez ma foi, faites-moi ſentir votre préſence : la derniere place dans votre ſaint Temple eſt encore trop pour un pécheur : accordez-la moi cependant, ô mon Dieu, vous ſçavez mes beſoins, permettez-moi de vous les demander.

Priére avant la Meſſe.

ME voici donc, ô mon Dieu, prêt à paroître aux pieds de vos Autels : ne me rejettez pas de votre préſence, & ne vous retirez pas de votre Sanctuaire. J'avoue, ô mon Seigneur, que je ſuis indigne d'entrer dans votre ſaint Temple, mais votre miſéricorde m'y invite, elle m'y préſente une ſource inépuiſable de graces dont j'ai beſoin pour affermir l'ouvrage de ma converſion. J'accepte, quoiqu'en tremblant, cette faveur que vous voulez bien m'accorder; ne permettez pas, Seigneur, que j'oublie ici ce que je ſuis, & ce que je vous dois; laiſſez-vous toucher par mes larmes, ſoyez ſenſible à mes vœux.

Le Prêtre au bas de l'Autel.

ESt-ce donc ici, grand Dieu, la maiſon des pécheurs ? Ce lieu eſt ſaint, les Myſteres que vos Prêtres y vont célébrer, ſont redoutables & terribles;

je devrois en être exclus pour jamais. Je reconnois ici, ô mon Dieu, que j'ai mérité toute la sévérité de vos jugemens. Fermez-vous, mes yeux, & respectez l'éclat d'un Sanctuaire dont toutes les parties demandent vengeance des profanations dont je suis coupable.

Pendant le Confiteor, *& les autres Priéres.*

OUI, mon Dieu, je suis coupable, j'ai péché contre vous; je me suis égaré dans les voies que mes passions m'ont frayées. J'ai été assez malheureux de vous oublier, pour ne penser qu'à ma perte. Qu'ai-je fait, ô mon Dieu, de l'esprit que vous m'aviez donné pour vous connoître, de ce cœur que vous aviez formé pour vous aimer? L'un & l'autre vous ont abandonné pour se livrer au monde. Mais, Seigneur, que votre miséricorde soit attentive à ma misere; brisez mes chaînes, rompez mes liens, & rendez à ma vive douleur cette liberté dont je commence à connoître le prix. Vous le sçavez, ô mon Sauveur, ma foiblesse est infinie: que ferai-je donc sans vous, & que puis-je esperer, si vous n'avez pitié de mon ame?

Le Prêtre montant à l'Autel.

DÉjà, mon Dieu, je vois le sein de vos miséricordes s'ouvrir à mes larmes, vous me faites esperer le pardon de mes infidélités. Mais je ne peux le dissimuler (permettez-moi de vous parler, quoique je ne sois que cendre & poussiére) le calice de la pénitence que vous me présentez, me paroît bien plein d'amertumes: faudra-t-il donc en boire jusqu'à la lie, selon votre parole? Je tremble, je frémis, je connois ma foiblesse; donnez-moi, ô mon Dieu, un desir sincére & véritable de mon salut, & bientôt rien ne me paroîtra difficile.

A l'Introït.

QUand ferai-je assez heureux pour suivre, ô mon Dieu, les mouvemens de votre esprit? Vous voulez mon salut; je n'en peux douter: ferai-je assez ingrat pour ne pas répondre à vos desseins ? Accomplissez-les au plutôt : hâtez-vous de me sauver, & rendez-moi docile pour toujours aux saintes lumiéres de votre vérité.

Au Kyrie, eléison.

SEigneur, ayez pitié de moi : ne me jugez pas selon les regles de votre justice. Je suis perdu, ô mon Dieu, si, comme le bon Pasteur, vous ne venez vous-même chercher votre brebis égarée. Venez, Seigneur Jesus, voyez la profondeur de mes plaies : la multitude de mes crimes m'épouvante, l'horreur de mes anciennes habitudes me désole : Seigneur, ayez pitié de moi.

Au Glória in excélsis.

VOus l'avez dit, ô mon Sauveur, que les Anges se réjouissent dans le ciel de la conversion d'un pécheur. Ne serai-je donc pas bientôt le sujet de la joie de ces saintes créatures ? Convertissez-moi, grand Dieu : j'ose le dire, votre gloire est intéressée à ma conversion. Faites éclater les richesses de votre bonté : délivrez mon ame de sa captivité, guérissez-la de ses langueurs ; faites-lui sentir la vanité de toutes les créatures. Oui, mon Dieu, pour reconnoître la grande miséricorde dont je vous suis redevable, je ne veux plus aimer que vous ; parce que vous seul êtes aimable, vous seul êtes saint, vous seul êtes capable de me consoler.

Aux Oraisons.

JE le sçais, ô mon Dieu, je ne devrois point avoir part aux priéres que l'Eglise fait maintenant pour ses véritables enfans. Je me suis rendu indigne de ce nom, j'ai dissipé l'héritage de mon Pere ; j'ai abusé de vos graces, souvent je les ai fait servir à mon crime. Grand Dieu, ne vous lassez pas de m'écouter.

A l'Epître.

COmbien de fois, ô mon Dieu, ai-je méprisé votre sa[illegible]te parole ! Est-ce donc en vain que vous m'en faites goûter les beautés ? Ne le permettez pas, ô mon Sauveur; donnez-moi ce cœur docile que vous accordez à vos Élus, & une assez grande foi pour vous reconnoître dans la voix de vos Prophétes, & dans les paroles de vos saints Apôtres.

Au Graduel.

NOn, mon Dieu, je ne serai plus infidéle à la lumiére de votre sainte parole, vous me la rendrez aussi aimable qu'elle m'a paru respectable. Je reconnois ici avec confusion tous les crimes qu'elle me fait voir dans ma vie passée. Mais, ô mon Dieu, rendez ma confusion salutaire; donnez-moi l'esprit de pénitence: le mystére de mes iniquités ne m'est pas caché, votre miséricorde m'en a découvert une partie; faites, ô mon Sauveur, que je comprenne bien celui de ma conversion.

A l'Evangile.

DAns l'abysme de mes miséres, & dans la triste situation où je me connois, à qui m'adresserois-je, Seigneur? Vous avez les paroles de la vie éternelle. Dites donc à mon cœur une de ces paroles de salut, & je commencerai à espérer en vous.

Au Credo.

OUI, mon Dieu, vous êtes tout-puissant: commandez donc à mes passions; assujettissez-les à votre aimable empire. Vous êtes tout-puissant, & je suis la foiblesse même. Triomphez en moi de tant d'obstacles que je ne puis vaincre moi-même, & je me ferai gloire de publier que c'est la vertu de votre droite qui a fait en moi le changement heureux qui commence à faire le sujet de mes espérances.

A l'Offertoire.

C'Est bien tard, ô mon Sauveur, vous offrir mon esprit & mon cœur: malheureux que je suis, je les ai livrés jusqu'à présent à l'iniquité, au crime, à la volupté. Tout ce qui vous appartenoit par tant de titres, je l'ai prostitué à des Dieux étrangers. Esclave de plus d'un tyran, j'ai trop tardé à reconnoître la douceur de votre joug. Je me proſterne, ô mon Dieu, devant votre miſéricorde : recevez l'oblation que je vous fais de tout ce que je ſuis : diſpoſez de moi déſormais ſelon votre ſainte volonté : affligez-moi, puniſſez-moi, traitez-moi ſelon vos juſtes rigueurs ; trop heureux, ſi vous voulez bien encore me pardonner à ce prix.

Le Prêtre lave ſes mains.

IL faut donc, ô mon Dieu, avoir les mains pures pour vous offrir le ſacrifice de ſon cœur ? Mais où ſont-elles ces mains pures & innocentes ? Vous le ſçavez, grand Dieu, (oſerois-je bien ici prononcer votre ſaint nom !) combien de fois les ai-je ſouillées par mes crimes ! j'ai honte de les lever vers vous. Prêt à les cacher dans la pouſſiére & à les couvrir de cendres, je rentre dans l'abyſme de mes ſecrettes miſéres, & je ne peux eſpérer d'en ſortir, que lorſque votre ſang adorable aura lavé mes plaies. Alors, mon Sauveur, je marcherai dans de nouvelles voies ; votre eſprit y affermira mes pas, & je bénirai votre ſaint nom dans l'aſſemblée de ceux qui vous aiment.

*A l'*Oráte, Fratres. *& aux Oraiſons ſecrettes.*

UNiquement occupé de mes crimes, je ne ſuis pas digne, ô mon Dieu, de vous préſenter mes priéres pour les autres. Recevez celles de l'Egliſe & de ſes Miniſtres pour la converſion de mon cœur, Détournez vos yeux pour ne plus voir mes infidélités. Les gémiſſemens de votre épouſe ne vous attendriront-ils pas ſur mon état déplorable ? Je veux l'eſpérer, ô mon Dieu. Vous ſerez attentif à tant de ſaintes voix ; vous accorderez à leurs larmes ce que vous refuſeriez toujours avec juſtice à la langueur de mes priéres.

Séparez-moi, s'il eſt poſſible, de moi-même, arrachez-moi à mes injuſtes deſirs : apprenez-moi, ô mon

Sauveur, à détruire ma cupidité, à combattre mes passions. Enseignez-moi en même temps à profiter des victoires que votre sainte grace m'a fait remporter sur mes detestables habitudes. Ne m'abandonnez pas, ô mon Dieu.

A la Préface.

COmment pourrois-je, ô mon Dieu, élever mon cœur jusqu'au trône de votre gloire, pour y contempler vos grandeurs ? C'est la sainte occupation des cœurs purs ; c'est le partage des Saints, la portion des innocens. Pour moi, grand Dieu, je dois m'occuper à gémir, à pleurer, à implorer votre miséricorde. La célébration de vos saint mystéres m'avertit de toutes mes iniquités : vos Ministres, justes vengeurs de la sainteté de vos Autels, devroient me représenter mon crime. Je les préviens, & je prononce contre moi-même la sentence que les sentimens de ma juste douleur ont déjà prononcés plusieurs fois à vos pieds. Oui, mon Dieu, j'ai profané vos saints Temples, vos saints Autels ; j'ai souillé la pureté de votre Sanctuaire : il est juste que je ferme ici mes yeux criminels, & que j'humilie cette tête que j'ai fait servir à de si tristes usages. Souffrez-donc, ô mon Dieu, que livré à l'impression de ma douleur, je répare ici par mes larmes les fausses joies auxquelles je me suis livré ; & par les sentimens d'une véritable componction, les mouvemens impies d'un cœur passionné que j'ai souvent apporté aux pieds de vos saints Autels. Heureux, ô mon Dieu, si mes larmes peuvent fléchir les rigueurs de votre justice ! dussé-je en verser des torrens, votre miséricorde me les rendra salutaires ; & vous les essuierez un jour vous-même, en m'assurant par vos Ministres du pardon de mes crimes.

Au Canon.

OUI, mon Dieu, je reconnois avec votre Eglise que vous êtes un Pere plein de douceur & de tendresse pour vos enfans. Ingrat que je suis, que n'ai-je été plutôt sensible à vos graces ! je n'ose lever vers vous mes mains criminelles pour vous offrir le sacrifice de l'Agneau sans tache. J'en abandonne le soin à ceux que vous avez purifiés vous-même pour un ministére si saint. Mais, ô mon Dieu, un cœur brisé, une ame plongée dans l'amertume, une volonté soumise aux justes rigueurs de la pénitence ; voilà le sacrifice de mon indigence, & tout ce que ma foiblesse peut maintenant vous offrir. Ne me refusez pas, ô mon Dieu : vous ne vous êtes pas tellement épuisé pour le juste, qu'il ne vous reste encore quelque bénédiction pour une ame qui voudroit de tout son cœur retourner à vous.

Au Memento.

SOuvenez-vous de moi, grand Dieu, souvenez-vous de l'ouvrage de vos mains. J'ai péché contre vous ; je ne mérite que vos vengeances ; mais je l'ose dire, ô mon Dieu, si vous me punissiez selon la rigueur de votre justice, que seroient donc devenues vos anciennes miséricorde ? Ne les oubliez pas, Seigneur, & je n'oublierai jamais mon crime.

Lorsque le Prêtre étend ses mains sur le Calice & sur l'Hostie.

ESpérons, ô mon ame ; mettons notre confiance dans cette Victime sainte & toute-puissante qui va être immolée pour les péchés du monde. Étendez, ô mon Dieu, votre main toute-puissante sur mon foible cœur ; prenez-en possession, rendez-vous-en le maître. Combattez pour lui ; anéantissez tous les ennemis de mon salut ; faites de ma volonté une victime toujours immolée à la sainteté de la vôtre : je vous le demande, ô mon Dieu, par les mérites infinis de Jesus-Christ notre Seigneur.

A la Consécration.

VOus obéissez, ô mon Sauveur, à la voix de vos Ministres, & vous vous trouvez présent sur nos Autels ! Quel prodige, grand Dieu ! Jusqu'à quand, ô mon ame, réſiſterez-vous à la voix de Dieu, & à l'impreſſion de ſa grace.

Changez mon cœur, ô mon Dieu, comme vous changez ce Pain. Convertiſſez-moi, Seigneur; ne différez plus un miracle dont votre tendreſſe m'a déjà donné bien des gages.

Aux Elévations.

O Victime de ſalut qui nous ouvrez le ciel; l'ennemi nous livre de rudes combats, fortifiez-nous contre ſes attaques.

Après les Elévations.

QU'il eſt doux & conſolant pour moi de pouvoir me ſouvenir des myſtéres de votre paſſion & de votre mort, ô mon Sauveur! Myſtére de mon ſalut, principes de ma confiance, ſoyez à jamais la conſolation de mon ame; apprenez-moi à crucifier ma chair, à mortifier mes deſirs, à mourir à moi-même, à renoncer au monde, & à pleurer toute ma vie le malheur que j'ai eu de crucifier mille fois par mes crimes celui qui n'avoit eu pour moi que des entrailles de bonté & de tendreſſe.

Au ſecond Meménto.

JE n'entreprends pas, ô mon Dieu, de vous adreſſer avec l'Egliſe des priéres pour des ames qui ſont devant vous plus pures que je ne le fus jamais. Tout m'avertit de ne penſer qu'à mes propres miſéres. Je ſerai trop heureux, ô mon Dieu, ſi je puis eſpérer que vous n'y êtes pas inſenſible.

A Nobis quoque peccatóribus.

JEttez les yeux ſur moi qui ſuis votre ſerviteur. Il eſt vrai que je ſuis un pécheur, & par conſéquent indigne d'avoir part à votre Royaume; cependant je mets mon eſpérance dans la multitude de vos miſéricordes: faites qu'après avoir vécu dans l'eſprit d'une véritable pénitence, je ſois en état d'entrer à l'heure de ma mort en ſociété avec vos ſaints Apôtres & Martyrs, & avec tous vos Saints, dans la compagnie deſquels je vous prie de me recevoir, n'ayant point d'égard à mes mérites, mais à votre bonté, en me faisant grace & miséricorde par Jesus-Christ notre Seigneur.

Ce n'est que par lui, avec lui & en lui que vous pouvez recevoir tout l'honneur & toute la gloire qui vous sont dûs, ô Dieu Pere tout-puissant, dans l'unité du saint Esprit, dans tous les siécles des siécles.

A la seconde Elévation de l'Hostie & du Calice.

OUI, mon Dieu, je l'avoue & je le sens mieux que tout autre, c'est par vous seul, avec vous seul, & en vous seul, que nous pouvons faire tout ce qui nous conduit à vous. Qu'ai-je été sans vous, que serois-je encore sans vous? Vous le sçavez, ô mon Dieu; ne m'abandonnez donc plus au desir injuste de mon misérable cœur.

Au Pater.

QUoique je ne sois qu'une misérable créature, ô mon Dieu, je prens cependant la liberté de vous appeller mon Pere: vous le voulez, Seigneur; faites-moi la grace de ne point dégénerer de la glorieuse qualité de votre enfant. Je désire ardemment que vous soyez connu, aimé, honoré & servi de tout le monde. O mon Dieu, détruisez en moi le regne du démon, du monde & du péché, & regnez absolument dans mon cœur. Faites que j'accomplisse avec amour votre volonté sur la terre, comme les Saints la font dans le ciel. Vous êtes mon Pere; donnez-moi donc ce Pain céleste dont vous nourrissez vos enfans. Pardonnez-moi, mon Dieu, pardonnez-moi, comme je pardonne pour l'amour de vous à tous ceux qui m'ont offensé. Ne m'abandonnez pas à la tentation, & ne permettez pas que j'y succombe en aucune maniére. Délivrez-moi du souverain mal qui est le péché, & faites par le secours de votre grace que je triomphe de tous les ennemis de mon salut.

Après le Pater.

OUbliez, grand Dieu, mes fautes, mes péchés & mes crimes. Détruisez l'empire de la cupidité qui me domine. Éloignez de ma foiblesse les tentations qu'elle a eu le malheur d'aimer. Donnez à ma volonté assez de force pour fuir les occasions qui ont tant de fois séduit mon esprit, corrompu mon cœur, & profané le temple de votre Esprit saint.

A ces paroles, Pax Domini.

JE la souhaite & la desire, ô mon Dieu, cette paix que vous donnez à vos enfans ; mais je n'ose vous la demander, parce que je sçais que je m'en suis rendu indigne, & que je dois l'acheter au prix de mon sang : faites-m'en la grace, ô mon Dieu.

*A l'*Agnus Dei.

JE ne puis dissimuler, ô mon Sauveur, la consolation que je ressens d'entendre de la bouche du Prêtre, & par la voix de votre Eglise, que c'est vous qui portez les péchés du monde. Eh ! mon Sauveur, n'aurez-vous point assez de tendresse pour vous charger des miens ? Si je ne l'espérois ainsi, le poids de mes crimes m'accableroit ; le désespoir avanceroit ma perte. Mais vous me le faites espérer, ô mon Dieu : en portant mes miséres, vous les effacerez, vous les détruirez jusques dans leur principe ; & vous chargeant de porter vous-même la brebis égarée, vous la consolerez en la guérissant de tous ses maux. C'est votre serviteur, ô mon Dieu, qui est cette brebis égarée ; vous êtes mon souverain Pasteur, je n'ai plus rien à craindre.

A la Communion.

JE ne suis pas digne, Seigneur, de la moindre des de vos graces ; comment pourrois je espérer de mériter la plus grande, qui est la Communion de votre Corps & de votre Sang adorable ? Non, mon Dieu, des levres encore souillées des impuretés de Babylone ne peuvent goûter des festins de Sion. A peine suis-je sorti de la table des pécheurs, il ne m'appartient pas de m'approcher & de me trouver aux noces de l'Agneau sans tache. Non, j'ose vous le répéter, je ne suis pas digne d'une telle faveur. Mais, ô mon Dieu, jusqu'à ce que vous m'en ayez rendu digne par la puissance de votre grace, donnez-moi quelque part à vos miséricordes. Oserois-je bien vous le demander? Faites couler sur ma pauvre ame une goutte de ce sang précieux que vous versez sur vos enfans. Souvenez-vous, Seigneur, que si ma lépre spirituelle m'éloigne de votre sainte table, je puis, comme le lépreux de l'Evangile, vous représenter humblement que, si vous le voulez, vous pouvez me guérir. Achevez donc, ô mon Dieu, de rompre mes liens; commandez à mes ennemis de se retirer; dissipez leurs projets; rendez inutiles leurs efforts, & me faites entrer dans la sainte liberté de vos enfans, & dans les aimables droits de vos Disciples.

Après la Communion du Prêtre.

LE devois-je espérer, ô mon Dieu, que vous me feriez part de vos graces? Ma misére vous a touché, vous vous êtes laissé attendrir à la disposition d'un cœur qui voudroit bien vous aimer. Déjà vous m'avez accordé les miettes que votre bonté a bien voulu laisser tomber de votre table sainte; trop heureux, si vous voulez bien encore continuer à soutenir ma foiblesse par les portions si précieuses de votre miséricorde!

Pendant les derniéres Oraisons.

PErmettez-moi, Seigneur, de m'unir en ce moment aux priéres de l'Eglise, pour vous remercier des graces infinies qu'elle vient de recevoir dans la célébration de vos saints Mystéres. Faites-moi la grace de me rendre assez fidéle à celles que j'y ai reçues moi-même, pour vous en louer & vous en bénir un jour dans les siécles des siécles.

A la Bénédiction du Prêtre.

DOnnez, mon Dieu, à mon esprit, à mon cœur, & à tous mes desirs, l'abondance de vos bénédictions & de vos graces; afin que vous ayant été fidéle & soumis pendant cette vie, je puisse être comblé des bénédictions & des joies ineffables que vous préparez à vos élus dans l'éternité.

Le commencement du saint Evangile selon S. Jean.

AU commencement étoit le Verbe, & le Verbe étoit avec Dieu, & le Verbe étoit Dieu. Il étoit au commencement avec Dieu. Toutes choses ont été faites par lui; & rien de ce qui a été fait, n'a été fait sans lui. Dans lui étoit la vie, & la vie étoit la lumiére des hommes: & la lumiére luit dans les ténébres, & les ténébres ne l'ont point comprise. Il y eut un homme envoyé de Dieu, qui s'appelloit Jean. Il vint pour servir de témoin, pour rendre témoignage à la lumiére, afin que tous crussent par lui. Il n'étoit pas la lumiére; mais il vint pour rendre témoignage à celui qui étoit la lumiére. Celui-là étoit la vraie lumiére, qui éclaire tout homme venant en ce monde. Il étoit dans le monde, & le monde a été fait par lui, & le monde ne l'a point connu. Il est venu chez soi, & les siens ne l'ont point reçu. Mais il a donné à tous ceux qui l'ont reçu, le pouvoir d'être faits enfans de Dieu, à ceux qui croient en son nom, qui ne sont point nés du sang, ni de la volonté de la chair, ni de la volonté de l'homme, mais de Dieu même. Et le Verbe a été fait chair, & il a habité parmi nous; & nous avons vû sa gloire, sa gloire, dis-je, comme du Fils unique du Pere, étant plein de grace & de vérité.

℟. Rendons graces à Dieu.

Priére après la Messe.

BEni soit le Seigneur mon Dieu, qui n'a retiré de moi ni l'esprit de priére, ni les faveurs de sa miséricorde. J'ai cru en vous, Seigneur, c'est pourquoi je vous ai parlé avec confiance : j'ai pris la liberté de vous découvrir les beſoins de mon ame ; je n'ai point diſſimulé ma miſére ; je vous ai dévelopé mon cœur. Faites, ô mon Dieu, que déformais je puiſſe montrer dans mes actions le fruit de ma priére ; & que la même grace qui m'a fait vous demander avec inſtance la force de faire ce que je ne pouvois pas, me faſſe faire avec courage & avec perſévérance ce que je vous ai demandé.

Action de graces après la Meſſe.

JE vous remercie, ô mon Dieu, de m'avoir permis d'aſſiſter aujourd'hui au ſaint Sacrifice de la Meſſe, quoique j'en ſois indigne. Je vous demande pardon de la diſſipation où j'ai laiſſé aller mon eſprit, de la froideur que j'ai ſentie dans mon cœur : faites, Seigneur, que je me ſouvienne pendant tout le jour de cette grace ; & que je ne laiſſe échaper aucune parole & aucune action, & ne forme aucun deſir ni aucune penſée, qui me rende indigne de votre bénédiction, & qui me faſſe perdre le ſouvenir de vos myſtéres.

CANTIQUE D'ACTIONS DE GRACES.

GRand Dieu, pour te louer, nos voix ici s'empreſſent.
Que nos cœurs en tout temps pour Maître te confeſſent.
Toute la terre annonce en ſes accens divers,
Que tu es Pere & Roi de ce grand Univers.
Elevés ſur les cieux les milliers des ſaints Anges,
Abbaiſſés devant toi célébrent tes louanges.
Des Puiſſances d'en-haut les concerts éclatans,
Unis aux Chérubins, les Seraphins brûlans,
Pouſſent enfin leur chant de ces voix enflamées :
Saint, Saint, Saint eſt le Dieu, le Seigneur des armées.
Ta majeſté remplit le vaſte enclos des cieux.
Ta ſageſſe & ta gloire éclatent en tous lieux.
Les Apôtres en chœur te rendent témoignage,

Les Prophétes ravis t'admirent sans nuage.
Et de tes saints Martyrs le brillant escadron,
Par la voix de leur sang rendent gloire à ton nom.
L'Eglise dont l'amour vers toi jamais ne cesse,
Répandue en tous lieux, d'une voix te confesse,
Pere saint, éternel, source de majesté;
Et ton unique Fils, rayon de ta clarté;
Et ton divin Esprit, qui par ses saintes flâmes
Guérit nos divers maux, & console nos ames.
Roi de gloire, ô Jesus rempli de sainteté,
Que tu reçois du Pere en toute égalité,
Tu n'as pas dédaigné, pour sauver la nature,
De te faire homme au sein d'une Vierge très-pure.
Vainqueur même en la croix de notre cruel sort,
Mourant, tu fis mourir l'aiguillon de la mort.
Et nous ouvrant le ciel pour partager ta gloire,
A la droite de Dieu tu combles ta victoire.
Tu dois enfin venir environné de feux,
Juger tous les mortels à la face des cieux.
Fais donc que secourant tes serviteurs fragiles,
Ta grace nous soutiennent, & nous rende dociles;
Afin que rachetés de ton sang précieux,
Tu nous joignes à tes Saints dans le sort bienheureux.
Sauve ton peuple, ô Dieu, bénis ton héritage;
Et l'élevant au ciel, accomplis ton ouvrage.
Chaque jour notre voix dès l'astre du matin
S'ouvre pour te bénir & t'adorer sans fin.
Guide aujourd'hui nos pas: que du péché l'amorce
N'ait pour nous supplanter ni d'attrait ni de force.
Seigneur, vois en pitié de nos maux la rigueur,
Et de ta grace en nous fais sentir la douceur.
C'est notre unique appui: selon notre espérance,
Signale enfin sur nous l'effet de ta clémence.
Seigneur, dans votre sein mon cœur s'est répandu,
Et jamais mon espoir ne sera confondu.

Litanies du saint Nom de Jesus.

Seigneur, ayez pitié de nous.
Jesus-Christ, ayez pitié de nous.
Seigneur, ayez pitié de nous.
Jesus, écoutez-nous. Jesus, exaucez-nous.
Pere céleste, qui êtes Dieu, ayez pitié de nous.
Fils Rédempteur du monde, qui êtes Dieu,
Esprit saint, qui êtes Dieu,
Trinité sainte, qui êtes un seul Dieu,
Jesus Fils du Dieu vivant,
Jesus qui êtes la splendeur du Pere,
Jesus qui êtes l'éclat de la lumiére éternelle,
Jesus Roi de gloire,
Jesus Soleil de justice,
Jesus Fils de la Vierge Marie,
Jesus admirable,
Jesus le Dieu fort,
Jesus Pere du siécle à venir,
Jesus l'Ange du grand conseil,
Jesus très-puissant,
Jesus très-patient,
Jesus très obéïssant,
Jesus doux & humble de cœur,
Jesus amateur de la chasteté,

Ayez pitié de nous.

Jesus notre amour,
Jesus Dieu de la paix,
Jesus auteur de la vie,
Jesus le modlée des vertus,
Jesus qui êtes plein de zele pour le salut des ames,
Jesus notre Dieu,
Jesus notre refuge,
Jesus le Pere des pauvres,
Jesus le trésor des fidéles,
Jesus le bon Pasteur,
Jesus vraie lumiére,
Jesus sagesse éternelle,
Jesus bonté infinie,

Ayez pitié de nous.

Jesus notre voie & notre vie,
Jesus la joie des Anges,
Jesus le Maître des Apôtres,
Jesus le Docteur des Evangelistes,
Jesus la force des Martyrs,
Jesus la lumiére des Confesseurs,
Jeus la pureté des Vierges,
Jesus la couronne de tous les Saints,

Ayez pitié de nous.

Soyez-nous favorable, pardonnez-nous, Jesus.
Soyez-nous favorable, éxaucez-nous, Jesus.
De tout mal, délivrez-nous, Jesus.
De tout péché,
De votre colére,
Des embuches du démon,
De l'esprit d'impureté,
De la mort éternelle,
Du mépris de vos divines inspirations,
Par le mystere de votre sainte incarnation,
Par votre Nativité,
Par votre Enfance,
Par votre vie toute divine,
Par vos travaux,
Par votre Agonie & par votre Passion,
Par votre Croix & votre abandonnement,
Par vos langueurs,
Par votre mort & votre sépulture,
Par votre Résurrection,
Par votre Ascension,
Par vos joies,
Par votre gloire,

Délivrez-nous Jesus.

Agneau de Dieu, qui effacez les péchés du monde, pardonnez-nous, Jesus.
Agneau de Dieu, qui effacez les péchés du monde, éxaucez-nous, Jesus.
Agneau de Dieu qui effacez les péchés du monde, ayez pitié de nous, Jesus.
Jesus, écoutez-nous. Jesus, éxaucez-nous.

REGLES

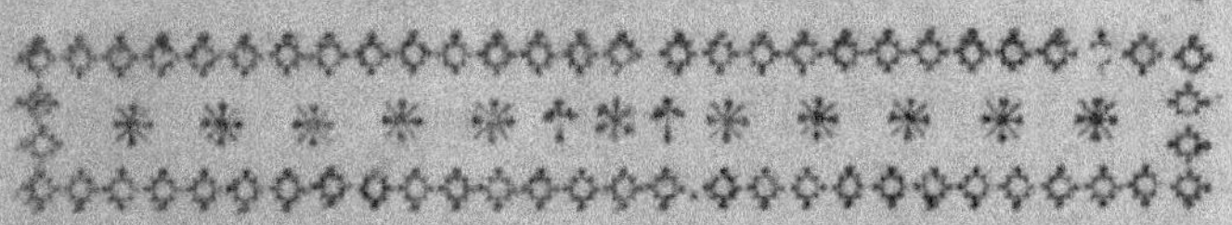

REGLES
DE LA CONFRÉRIE DES AGONIZANS

Unie à celle de Paris, & érigée en la ville de Tonnerre, dans l'Eglise paroissiale de saint Pierre.

ARTICLE PREMIER.

LA dévote & pieuse Confrérie des Agonizans étant principalement fondée sur cette résolution vraiment chrétienne, qui est de faire tous les efforts possibles pour avoir l'heure de la mort favorable, & terminer heureusement son agonie à son salut, prend un soin très particulier de prier pour les personnes qui sont à l'agonie de la mort sous la protection de saint Joseph, afin de partager avec lui le bonheur qu'il a eu d'avoir une sainte agonie.

II. Tous les fidéles Chrétiens de l'un & de l'autre sexe, de quelque condition, profession ou lieu qu'ils soient, qui se présenteront pour être enregistrés en ladite Confrérie, y seront reçus, & dès-lors seront capables de participer aux Indulgences & Priviléges que nos SS. Peres les Papes ont concedés & concederont ci-après aux Associés de cette Confrérie.

III. La direction de cette Confrérie dépendra de M. le Curé de l'Eglise paroissiale dudit S. Pierre,& des sieurs Intendans & Conseillers, qui seront élus à cet effet : & la Chapelle de saint Joseph en ladite Eglise sera destinée pour l'établissement de ladite Confrérie, & y faire les priéres pour les Confréres agonizans.

IV. La priére pour les Agonizans étant la principale intention de cette Confrérie, tous les Confréres diront tous les deuxiémes Dimanches de chaque mois *les Litanies, l'Antienne, le Verset & l'Oraison de saint Joseph ;* & ceux qui ne sauront pas lire, diront trois fois le *Pater noster*, & l'*Ave Maria*, en mémoire de notre Sauveur agonizant, pour ceux qui sont à l'agonie de la mort, en quelque endroit du monde qu'ils puissent être.

V. La grande fête de la Confrérie étant le jour de saint Joseph, tout l'Office sera fait par M. le Curé de saint Pierre ; les Confréres se confesseront & communieront ce jour là, ou le Dimanche suivant ; assisteront à la grand'Messe, Procession & Benédiction du saint Sacrement qui se feront ledit jour, & le lendemain au Service qui se fera pour les Confréres & Sœurs décédés.

VI. Quand quelqu'un des Confréres sera à l'agonie de la mort, on aura soin d'en avertir M. le Curé de saint Pierre, afin d'exposer le saint Sacrement en la Chapelle de saint Joseph pendant l'espace de trois heures, pour honorer l'agonie de Jesus-Christ, & y faire les priéres qui sont particuliéres pour les Agonisans ; toutefois avec cette précaution, que l'on ne pourra exposer le saint Sacrement le plutôt ou le plus tard que demi-heure avant le soleil levé, ou aprés le soleil couché : que s'il arrive qu'il faille prier pour plusieurs Agonizans en même temps, en ce cas il faudra faire les priéres pour tous à la fois.

VII. Quand tous les Confréres seront avertis par le son de la cloche de l'agonie de quelqu'un des Confréres,ils se rendront à l'Eglise devant l'Autel de S. Joseph, pour y assister aux priéres qui s'y feront pour le malade, ou du moins visiteront le saint Sacrement dans les trois heures qu'il sera exposé, ou réciteront en leurs maisons les mêmes priéres, ou bien cinq fois *Pater* & *Ave*, s'excitant à cette action de charité par le desir qu'on en fasse de même un jour pour eux, se souvenans de ce que notre Seigneur dit dans l'Evangile, que nous serons mesurés de la même maniére dont nous aurons usé envers les autres.

VIII. Pour la direction de la Confrérie aux choses qui regardent son bien & son avancement, on élira d'année en année, le lendemain de la fête de saint Joseph, 19 Mars, un Intendant & un Conseiller, dont l'un sera Trésorier, & l'autre Sécrétaire, qui succéderont au lieu & place de ceux qui auront exercé lesdites charges l'année précédente. Quant au Trésorier, ce sera à lui de recevoir les aumônes & les charités que l'on fera à ladite Confrérie, & de tenir compte de la recette dans un livre d'une part, & de la dépense de l'autre : & quant au Sécrétaire, il aura un livre dans lequel il écrira les noms & surnoms de ceux qui voudront se faire inscrire dans ladite Confrérie, pauvres & riches, les distinguant par année, & y ajoutant le lieu de leur paroisse & demeure. Lorsqu'ils sortiront de leurs charges, ils déposeront entre les mains de ceux qui leur succéderont, tant le susdit livre, que tout ce qu'ils auront d'argent appartenant à ladite Confrérie, & ce en présence de Mrs les Curé, Intendant & Conseiller nouvellement créés.

IX. Afin que la dévotion des Confréres soit agréable à Dieu, ils auront un soin particulier d'assister à la Procession & Bénédiction du saint Sacrement qui se fera tous les deuxiémes Dimanches de chaque mois en ladite Eglise paroissiale de S. Pierre, & jour de la fête de S. Joseph, chacun portant en sa main un cierge allumé, si faire se peut, afin d'honorer Jesus-Christ, & l'avoir favorable à l'heure de la mort.

X. Lesdites Regles n'obligent point à péché mortel ni véniel.

XI. Il sera fait un coffre aux frais de la Confrérie, dans lequel seront mis les cierges des Confréres, & qui leur seront distribués avant la Procession, par le Trésorier d'icelle, pour y assister avec le plus de dévotion que faire se pourra.

XII. Ceux qui voudront entrer dans la Confrérie, payeront une seule fois dix sols par forme d'aumône, & cinq sols d'entretien pour les ornemens nécessaires à ladite Confrérie le jour & fête de saint Joseph, exhortant au surplus les personnes qui seront en état de donner davantage, de suppléer par des aumônes plus abondantes aux besoins d'une Confrérie si utile au salut des fideles.

XIII. Les parens des Agonizans seront obligés d'envoyer deux cierges pour exposer le saint Sacrement selon leur moyen, lesquels cierges resteront en cas de mort à ladite Confrérie, après que le saint Sacrement sera resserré.

XIV. A la mort de quelque Confrére, les survivans auront soin de dire un *De profundis*, avec l'Oraison pour le Confrére décédé, ou bien cinq fois *Pater* & *Ave Maria*.

XV. Comme l'emploi le plus ordinaire de saint Joseph pendant sa vie a été d'accompagner par-tout notre Seigneur Jesus-Christ tandis qu'il étoit au monde, chaque Confrére prendra un soin particulier de suivre le saint Sacrement lorsqu'on le portera pour Viatique aux malades, dans cette ferme créance que c'est le même Jesus qui fut autrefois servi & honoré de saint Joseph.

XVI. Comme saint Joseph eut autrefois un amour cordial pour Jesus-Christ, qu'il servit & honora au temps de sa sainte enfance; à son exemple tous les Confréres s'efforceront d'avoir une dévotion singuliére envers le mystére de sa divine naissance, & celui de l'adoration des Mages, auxquels S. Joseph s'est trouvé.

XVII. Et d'autant que saint Joseph, lequel mourut entre Jesus & Marie, & étant assisté de l'un & de l'autre, reçut de Dieu la grace d'obtenir par ses priéres à ses serviteurs une sainte & heureuse mort; chaque Confrére demandera souvent à Dieu, par l'intercession de saint Joseph, la grace de bien mourir.

****

PRIERES

Que les Confréres pourront dire tous les jours pour les personnes agonizantes.

Ant. SEigneur, nous vous prions de vouloir bien accorder vos divins secours à vos serviteurs & à vos servantes qui sont réduits à l'agonie, & que vous avez rachetés par votre précieux sang.

℣. Prions pour nos freres & sœurs agonizans.

℟. Sauvez, ô mon Dieu, vos serviteurs & vos servantes qui mettent leurs espérances en vous.

℣. Soyez pour eux, Seigneur, une tour inébranlable,

℟. Qui les dérobe à la fureur de l'ennemi.

℣. Que l'ennemi n'ait aucun avantage sur eux,

Ant. SUbveníre dignáre, quæsumus Dómine, ómnibus fámulis & famu ábus tuis agonizántibus, quos pretióso sánguine tuo redemísti.

℣. Orémus pro frátribus & sorróribus nostris agonizántibus.

℟. Salvos fac servos tuos & ancíllas tuas, Deus meus, sperántes in te.

℣. Esto eis, Dómine, turris fortitúdinis

℟. A fácie inimíci.

℣. Nihil profíciat inimícus in eis,

℟. Et filius iniquitátis non appónat nocére eis.

℟. Et que l'enfant d'iniquité ne parvienne jamais à leur nuire.

℣. Mitte eis auxílium de sancto,

℣. Envoyez-leur de votre sanctuaire le secours dont ils ont besoin,

℟. Et de Sion tuére eos.

℟. Et défendez-les de dessus la sainte montagne de Sion.

℣. Dómine, exáudi oratiónem meam,

℣. Seigneur, écoutez ma priére,

℟. Et clamor meus ad te véniat.

℟. Et que ma voix parvienne jusqu'à vous.

Orémus.

Omnípotens & misericors Deus, qui humáno géneri, & salútis remédia, & vitæ ætérnæ præmia contulísti: réspice propítius fámulos tuos & fámulas tuas infirmitáte córporis laborántes, & ánimas réfove quas creásti; ut in horâ éxitûs illárum absque peccáti máculâ, tibi creatóri suo, per manus sanctórum Angelórum repræsentári mereántur. Per Dóminum nostrum Jesum Christum Fílium tuum, qui tecum vivit & regnat in unitáte Spíritûs sancti Deus, per omnia sécula seculórum. ℟. Amen.

Prions.

Dieu tout puissant & miséricordieux, qui avez preparé au genre humain la vie éternelle & les moyens pour y parvenir: jettez un regard favorable sur vos serviteurs & vos servantes accablés sous le poids des infirmités corporelles, & soulagez les ames que vous avez créées; afin qu'à l'heure de leur mort, exemptes de péchés, elles méritent d'être présentées par les mains des saints Anges devant vous qui êtes leur Créateur. Par notre Seigneur Jesus Christ votre Fils, qui étant Dieu vit & regne avec vous dans l'unité du Saint Esprit, dans tous les siécles des siécles.

℟. Ainsi soit-il.

PRIERE A SAINT JOSEPH.

Prions.

FAites, Seigneur, que nous soyons aidés par les mérites de saint Joseph l'époux de votre très-sainte Mere ; afin que nous obtenions par son intercession ce que nous ne pouvons obtenir par nous-mêmes. Nous vous en conjurons, ô Jesus, qui vivez avec Dieu le Pere dans l'unité du Saint-Esprit, dans tous les siécles des siécles. ℟. Ainsi soit-il.

Orémus.

SAnctissimæ genitrícis tuæ sponsi, quæsumus, Dómine, méritis adjuvémur ; ut quod possibílitas nostra non óbtinet, ejus nobis intercessióne donétur. Qui vivis & regnas cum Deo Patre in unitáte Spiritûs sancti Deus, per ómnia sécula seculórum.

℟. Amen.

PRIERES à faire à l'intention des ames qui sont en l'agonie de la mort, en présence du saint Sacrement, à l'Autel de saint Joseph.

Les cloches ayant été sonnées par un signal tout particulier à cet effet, & l'Autel préparé avec les luminaires à ce nécessaires, l'Officiant revêtu d'un Pluvial blanc ou violet, accompagné de deux Acolytes, prendra le très saint Sacrement qui sera dans le Ciboire, le posera sur le grand Autel, sans le mettre autrement en evidence, & après l'avoir adoré & encensé, le portera sur l'Autel de saint Joseph, chantant à haute & intelligible voix :

HYMNE.

MA langue, chantez le mystére du corps glorieux, & du sang précieux que Jesus-Christ le fruit du

PAnge, lingua, gloriósi
Córporis mystérium,
Sanguinísque pretiósi,

Quem in mundi pré-
tium,
Fructus ventris gene-
rósi,
Rex effúdit géntium.

chaste sein de Marie, le Roi des nations, a répandu pour racheter le monde.

Nobis datus, nobis
natus
Ex intácta Vírgine,
Et in mundo conversá-
tus
Sparso verbi sémine,
Sui moras incolátûs
Miro clausit órdine.

Jesus-Christ qui nous avoit été donné, & qui est né pour l'amour de nous d'une Vierge sans tache, après avoir vêcu dans le monde, & répandu la divine semence de sa parole, a terminé le temps de sa demeure parmi nous en instituant un mystére merveilleux.

In suprémæ nocte
cœnæ
Recumbens cum frá-
tribus,
Observátâ lege plenè
Cibis in legálibus,
Cibum turbæ duodénæ
Se dat suis mánibus.

Étant à table avec ses douze Apôtres la nuit de la derniére cène, après avoir entiérement accompli la loi en mangeant ce qu'elle prescrivoit, il voulut leur servir de nourriture, & il se donna lui-même à eux de ses propres mains.

Verbum caro panem
verum
Verbo carnem éfficit,
Fitque sanguis Christi
merum;
Et si sensus déficit,
Ad firmándum cor sin-
cérum
Sola fides sufficit.

Le Verbe fait chair change par sa parole un pain véritable en sa propre chair, & le vin devient le sang de Jesus-Christ : si ce mystére est au dessus des sens, la foi suffit pour affermir un cœur sincére.

Tantum ergo Sacra-
méntum
Venerémur cérnui,
Et antíquum documén-
tum

Prosternons-nous donc, & adorons un si auguste Sacrement : que les rits anciens fassent place à ce mystére nouveau, que la foi ſupplée au défaut des ſens.

Novo cedat ritui :
Præſtet fides suplemén-
tum
Sénſuum defécťui.

Gloire, louange, ſalut, honneur, puiſſance & bénédiction au Pere & au Fils : qu'une même gloire ſoit rendu au Saint Eſprit, qui procéde du Pere & du Fils Ainſi ſoit-il.

Genitóri Genitóque
Laus & jubilátio,
Salus, honor, virtus
quoque
Sit & benedíctio :
Procedénti ab utróque
Compar ſit laudátio.
Amen.

℣. Nous vous adorons, ô Seigneur Jeſus-Chriſt, & nous vous béniſſons ;

℟. Parce que vous avez racheté le monde par votre ſainte croix.

℣. Adorámus te, Chriſte, & benedícimus tibi ;

℟. Quia per ſanctam crucem tuam redemíſti mundum.

Prions.

DIeu, qui pour racheter le monde avez voulu naître & mourir ; Seigneur nous vous conjurons par vos ſaintes ſouffrances dont nous faiſons mémoire, tout indignes que nous ſommes, par votre ſainte naiſſance, votre ſainte croix, & votre mort, délivrez votre ſerviteur (*ou* votre ſervante) N. des peines de l'enfer, & daignez le (*ou* la) conduire où vous avez conduit le bon larron qui a été crucifié avec vous, ô Sauveur qui vivez & regnez avec le Pere & le St Eſprit, dans les ſiécles des ſiécles. ℟. Ainſi ſoit il.

Orémus.

DEus, qui pro redemptióne mundi voluíſti naſci & mori ; Dómine, per ſanctíſſimas pœnas tuas quas nos indigni recólimus, per ſanctam nativitátem tuam, per ſanctam crucem & mortem tuam, líbera fámulum tuum (*ou* fámulam tuam) N. à pœnis inferni, & perdúcere dignéris quò perduxíſti latrónem tecum crucifixum ; Qui cum Patre & Spíritu ſancto vivis & regnas in ſécula ſeculórum.

℟. Amen.

Après l'Oraison précédente, on dira les Litanies de saint Joseph.

KYrie, eléison.	SEigneur, ayez pitié de nous.
Christe, eléison.	Christ, ayez pitié de nous.
Kyrie, eléison.	Seigneur, ayez pitié de nous.
Christe, audi nos.	Christ, écoutez-nous.
Christe, exáudi nos.	Christ, éxaucez-nous.
Pater de cœlis, Deus, miserére nobis.	Pere céleste, qui êtes Dieu, ayez pitié de nous.
Fili Redémptor mundi, Deus, miserére nobis.	Fils Rédempteur du monde, qui êtes Dieu, ayez pitié de nous.
Spíritus fancte, Deus, miserére nobis.	Saint Esprit, qui êtes Dieu, ayez pitié de nous.
Sancta Trínitas, unus Deus, miserére nobis.	Sainte Trinité, qui êtes un un seul Dieu, ayez pitié.
Sancta María, ora pro nobis.	Sainte Marie, priez pour nous.
Sancte Joseph Patriarchárum sanctíssime, ora pro nobis.	Saint Joseph, le plus saint des Patriarches, priez pour nous.
Sancte Joseph, fili David, ora pro nobis.	Saint Joseph, fils de David, priez pour nous.
Sancte Joseph vir juste, ora pro nobis.	Saint Joseph qui futes un homme juste, priez.
Sancte Joseph qui immaculátus in viâ Dómini ambulásti, ora.	Saint Joseph qui avez marché pur & sans tache dans la voie du Seigneur, priez.
Sancte Joseph quem Dóminus constítuit príncipem omnis possessiónis suæ, ora.	Saint Joseph que le Seigneur a établi intendant & dispensateur de tous ses biens, priez pour nous.
Sancte Joseph beátæ Vírginis sponse, ora.	Saint Joseph, Epoux de la bienheureuse Vierge, priez.
Sancte Joseph innocens mánibus & mundo corde, ora pro nobis.	Saint Joseph dont les mains furent innocentes & le cœur toujours pur, priez.

Saint Joseph chéri de Dieu & des hommes, priez pour nous.
Saint Joseph qui avez donné le nom au saint Enfant Jesus, priez pour nous.
Saint Joseph qui avez vu le Seigneur face à face, priez pour nous.
Saint Joseph qui avez couché le Christ dans la crèche, priez pour nous.
Saint Joseph qui avez conduit Jesus en Egypte, priez pour nous.
Saint Joseph qui attendites la consolation d'Israel, priez pour nous.
Saint Joseph qui avez reçu entre vos bras le Sauveur envoyé de Dieu, priez.
Saint Joseph qui avez cherché Jesus-Christ dans l'amertume d'un cœur affligé, priez pour nous.
Saint Joseph qui avez trouvé Jesus assis au milieu des Docteurs, priez pour nous.
Saint Joseph à qui Jesus-Christ s'est soumis, priez pour nous.
Saint Joseph très puissant protecteur du salut des élus, priez pour nous.
Saint Joseph la consolation de la sainte Vierge mere de Jesus, priez pour nous.

Sancte Joseph Deo & homínibus diléćte, ora pro nobis.
Sancte Joseph qui Jesum infántem vocásti, ora pro nobis,
Sancte Joseph qui Dóminum fácie ad fáciem vidísti, ora.
Sancte Joseph qui Christum in præsepio reclinásti, ora pro nobis.
Sancte Joseph qui Jesum in Ægyptum duxísti, ora pro nobis.
Sancte Joseph qui consolatiónem Israel expectásti, ora.
Sancte Joseph qui Salutáre Dómini in ulnas accepísti, ora.
Sancte Joseph qui dolens Christum quæsivísti, ora pro nobis.
Sancte Joseph qui Jesum sedéntem in médio Doctórum reperísti, ora pro nobis.
Sancte Joseph cui Christus súbditus factus est, ora pro nobis.
Sancte Joseph qui in salútem electórum máximus factus es, ora.
Sancte Joseph Vírginis matris solátium, ora pro nobis.

Sancte Joseph profundíssime in humilitáte, ora pro nobis.	Saint Joseph dont l'humilité fut très profonde, priez pour nous.
Sancte Joseph in tribulatióne adjútor fortíssime, ora.	Saint Joseph invincible défenseur des affligés, priez.
Sancte Joseph in ósculo Dómini defúncte, ora pro nobis.	Saint Joseph qui mourutes dans le baiser du Seigneur, priez pour nous.
Sancte Joseph Congregatiónis nostræ defénsor potentíssime, ora.	Saint Joseph très-puissant protecteur de notre Confrérie, priez pour nous.
Kyrie, eléison.	Seigneur, ayez pitié de nous.
Christe, eléison.	Christ, ayez pitié de nous.
Kyrie, eléison.	Seigneur, ayez pitié de nous.
Pater noster, &c.	Notre Pere, &c.
℣. Per passiónem dulcíssimi Filii tui,	℣. Par la passion de votre Fils bien aimé,
℟. Exáudi fámulum tuum, (*ou* fámulam tuam,) Dómine.	℟. Exaucez votre serviteur, (*ou* votre servante,) Seigneur.
℣. Per compassiónem diléctæ Matris Filii tui,	℣. Par les douleurs de Marie compatissante aux douleurs de son cher Fils,
℟. Salvum fac fámulum tuum, Dómine, (*ou* Salvam fac fámulam tuam.)	℟. Sauvez, Seigneur, votre serviteur (*ou* votre servante)
℣. Per fidelitátem sancti Joseph,	℣. Par la fidélité de saint Joseph,
℟. Prótege fámulum tuum (*ou* fámulam tuam.)	℟. Protégez, Seigneur, votre serviteur (*ou* votre servante.)

HYMNE.

ISTE quem læti cólimus fidéles, Cujus excélsos cánimus triumphos,	CE grand Saint que nous honorons dans les transports les plus sincéres d'une sainte joie, & dont

nous chantons le glorieux triomphe, Joseph, ce chaste Époux de la sainte Vierge, mérita d'entrer dans la joie de son divin Maître.

Virginis Sponsus méruit perénnis
Gáudia vitæ.

Heureux & mille fois heureux de se voir assisté au dernier moment par Jesus-Christ lui-même & par sa sainte Mere qui reçurent son dernier soupir !

O nimis felix, nimis ô beátus,
Cujus extrémam vígiles ad horam
Christus & Virgo simul astitérunt
Ore seréno !

Sa mort ne fut qu'un doux sommeil, victorieux des efforts de l'enfer & dégagé des liens de son corps, sa bienheureuse ame s'envola dans le céleste séjour, & il vit son front ceint d'une couronne de gloire.

HINC Stigis victor, láqueo solútus
Carnis, ad sedes plácido sopóre
Migrat ætérnas, rutilísque cingit
Témpora sertis.

Maintenant donc qu'il regne dans les Cieux, adressons-lui les vœux les plus ardens : prions-le de nous être favorable, de demander grace pour de pauvres criminels, & de nous obtenir le précieux don de la paix, de cette paix que le monde ne peut donner.

ERGO regnántem flagitémus omnes
Adsit ut nobis, veniámque nostris
Obtinens culpis, tríbuat supérnæ
Munera pacis.

Soyez à jamais loué & adoré, ô Dieu qui êtes un en trois personnes, vous qui regnez dans tous les siécles, & qui faites regner avec vous votre fidele serviteur.

SINT tibi plausus, tibi sint honóres,
Trine qui regnas Deus, & corónas
Aúreas servo tríbuis fidéli
Omne per ævum.

Ainsi soit-il.

Amen.

℣. Dómine, exáudi oratiónem meam;	℣. Seigneur, éxaucez ma priére;
℟. Et clamor meus ad te véniat.	℟. Et que ma voix s'éleve jusqu'à vous.
Orémus.	*Prions.*
OMnípotens & mitíssime Deus, qui beátum Joseph justum, filium David, beátæ Maríæ Vírginis matri tuæ sponsum providísti, & tuum nutritium elegísti: da, quæsumus, ut ejus méritis & précibus fámulus tuus (*ou* fámula tua) in horâ éxitûs sui à te, comitántibus ángelis tuis, suscipiátur, & ad perpétuæ visiónis tuæ consolatiónem perducátur. Qui vivis & regnas, &c. Amen.	DIeu tout-puissant & miséricordieux, qui avez donné pour époux à la bienheureuse Vierge votre mere saint Joseph, homme juste, fils de David, & qui l'avez choisi pour votre nourricier: nous vous prions que par ses mérites & ses priéres, votre serviteur (*ou* votre servante) soit reçu de vous accompagné de vos saint Anges, & jouisse de la consolation de vous voir éternellement; ô Dieu qui vivez & regnez dans les siécles des siecles. Ainsi soit-il.

L'Oraison finie, l'Officiant demeurera en priéres & oraison quelque petit espace de temps, après quoi il se retirera en l'ordre convenable, laissant la garde de quelques personnes capables de veiller & prier Dieu pendant l'espace de trois heures que le saint Sacrement sera exposé; pendant lesquelles on aura soin de faire sonner quelques coups de cloches, pour avertir le peuple de venir à l'Eglise, ou de prier en un lieu particulier pour les ames alors agonizantes.

Les trois heures étant expirées, on donnera le second signal des cloches, après lequel l'Officiant revêtu comme il est dit ci-dessus, ayant fait la révérence & encensé le saint Sacrement, dira à haute voix:

℣. Exúrge, Christe, ádjuva nos.	℣. Levez-vous, Seigneur, & secourez-nous.

℟. Et délivrez votre serviteur (votre servante) à l'agonie, pour la gloire de votre nom.

℣. Seigneur, éxaucez ma priére;

℟. Et que ma voix parvienne jusqu'à vous.

℣. Que le Seigneur soit avec vous,

℟. Et avec votre esprit.

Prions.

SEigneur Dieu saint, Pere tout-puissant & éternel, nous sommes obligés par le mouvement de la charité d'implorer humblement votre miséricorde pour les autres, nous qui ne pouvons jamais assez prier pour nos péchés; cependant mettant notre confiance dans votre bonté, nous vous demandons avec humilité que vous receviez avec une bonté de pere l'ame de votre serviteur (de votre servante) qui retourne vers vous, & que par l'intercession du bienheureux saint Joseph notre protecteur, vous daigniez la placer parmi vos Saints & vos Élus dans le sein d'Abraham, Isaac & Jacob vos Patriarches; ensorte que son ame s'éleve de ce lieu d'exil dans le ciel avec une sainte joie dans votre aima-

℟. Et líbera fámulum tuum (fámulam tuam) agonizántem, propter nomen tuum.

℣. Dómine, exáudi oratiónem meam;

℟. Et clamor meus ad te véniat.

℣. Dóminus vobíscum,

℟. Et cum spíritu tuo.

Orémus.

MIsericórdiâ tuam, Dómine sancte, Pater omnípotens, ætérne Deus, pietátis afféctu pro áliis supplíciter oráre cógimur, qui pro nostris peccátis nunquam sufficimus; tamen de tuâ pietáte confísi, cleméntiam tuam supplices depóscimus, ut ánimam fámuli tui (fámulæ tuæ) ad te reverténtem cum benígnâ pietáte suscípias, & per manus beatórum Angelórum inter Sanctos & Eléctos tuos in sinu Abrahæ, Isaac & Jacob Patriarchárum tuórum, intercedénte beáto Joseph, protectóre nostro, eam collocáre dignéris; quátenùs inter dulcissimum ampléxum tuum, & suavissimum ósculum, Dómine Jesu, ejus ánima lætánter expíret, atque in die resurrectiónis inter Sanctos tuos resuscitátus (resuscitáta) glória beatissimæ visiónis perpétuò satiétur. Per eumdem Christum Dóminum nostrum. ℟. Amen.

ble embrassement & dans votre doux baiser, Seigneur Jesus; & que dans le jour de la résurrection, ressuscité avec les Saints, il soit rassasié (ou elle soit rassasiée) de la gloire de la bienheureuse vision. C'est la grace que nous vous demandons, ô mon Dieu, par le même Jesus-Christ notre Seigneur. Ainsi soit-il.

Après cette Oraison, l'Officiant ou autre chantera Pange, lingua. *le Verset & l'Oraison comme ci-dessus* *pag. 7.* *& ensuite il donnera la Bénédiction; & ayant remis le saint Sacrement dans le Tabernacle, on se retirera en silence.*

Il faut observer que les Antiennes, Versets & Oraisons précédentes se diront au plurier lorsque le cas le requerra, & étant dites au singulier, on les adaptera au genre convenable avec l'addition de Fratris nostri, *ou* Soróris nostræ, *si les Agonizans pour qui l'on fait des priéres, sont de la Confrérie.*

S'il arrive que durant les trois heures l'Agonizant soit décédé; en étant avertis aussi-tôt que faire se pourra, on s'assemblera comme dessus, & on chantera:

℟. Subveníte, Sancti Dei; occúrrite, Angeli Dómini, suscipiéntes ánimam ejus,* Offeréntes eam in conspéctu Altíssimi.

℣. Suscípiat te Christus qui vocávit te, & in sinum Abrahæ Angeli dedúcant te,

℟. Venez à son secours, Saints de Dieu; Anges du Seigneur, accourez au devant de lui. * Recevez son ame, & présentez-la devant le thrône du Très-haut.

℣. Que Jesus-Christ qui vous a appellé vous reçoive, & que les Anges vous conduisent dans le sein d'Abraham,

* Recevez son ame, & présentez-la devant le thrône du Très-haut.

Seigneur, ayez pitié de nous.
Christ, ayez pitié de nous.
Seigneur, ayez pitié de nous.

Notre Pere, &c.

℣. Et ne nous laissez pas succomber à la tentation;

℟. Mais délivrez-nous du mal.

℣. De la porte de l'enfer

℟. Délivrez, Seigneur, son ame.

℣. Qu'il repose en paix.

℟. Ainsi soit-il.

℣. Seigneur, éxaucez ma priére;

℟. Et que ma voix s'éleve jusqu'à vous.

℣. Le Seigneur soit avec vous,

℟. Et avec votre esprit.

Prions.

NOus vous recommandons, Seigneur, l'ame de votre serviteur (*ou* de votre servante) N. afin que mort (morte) à ce siécle, il (elle) vive pour vous; & effacez par votre miséricorde infinie les péchés qu'il (qu'elle) a commis par la fragilité humaine. C'est la grace que nous vous demandons par notre Seigneur Jesus-Christ.

℟. Ainsi soit-il.

* Offeréntes eam in conspéctu Altíssimi.

Kyrie, eléison.
Christe, eléison.
Kyrie, eléison.

Pater noster, &c.

℣. Et ne nos indúcas in tentatiónem.

℟. Sed líbera nos à malo.

℣. A portâ ínferi

℟. Erue, Dómine, ánimam ejus.

℣. Requiéscat in pace.

℟. Amen.

℣. Dómine, exáudi oratiónem meam;

℟. Et clamor meus ad te véniat.

℣. Dóminus vobíscum,

℟. Et cum spíritu tuo.

Orémus.

TIbi, Dómine, commendámus ánimã fámuli tui (*ou* fámulæ tuæ) N. ut defúnctus (*ou* defúncta) século tibi vivat; & quæ per fragilitátem humánæ conversatiónis peccáta commísit, tu véniâ misericordíssimæ pietátis abstérge. Per Dóminum nostrum Jesum Christum, &c.

℟. Amen.

℣. Réquiem ætérnam dona ei, Dómine;

℟. Et lux perpétua lúceat ei.

℣. Requiéſcat in pace. ℟. Amen.

℣. Accordez-lui, Seigneur, le repos éternel;

℣. Et que la lumiére éternelle l'éclaire à jamais.

℣. Qu'il (Qu'elle) repoſe en paix. ℟. Ainſi ſoit-il.

PSEAUME 129.

DE profúndis clamávi ad te, Dómine: * Dómine, exáudi vocem meam.

Fiant aures tuæ intendéntes * in vocem deprecatiónis meæ.

Si iniquitátes obſerváveris, Dómine; * Dómine, quis ſuſtinébit?

Quia apud te propitiátio eſt, * & propter legem tuam ſuſtinui te, Dómine.

Suſtínuit ánima mea in verbo ejus: * ſperávit ánima mea in Dómino.

A cuſtódia matutína uſque ad noctem, * ſperet Iſraël in Dómino.

Quia apud Dóminum miſericórdia, * & copióſa apud eum redémptio.

SEigneur, je m'écrie vers vous du profond abyſme où je ſuis: Seigneur, écoutez ma voix.

Rendez, s'il vous plaît, vos oreilles attentives à ma priére.

Seigneur, ſi vous nous traitiez ſelon nos péchés, qui pourroit ſubſiſter en votre préſence?

Mais vous uſez de miſéricorde & de clémence, afin que vous ayez des ſerviteurs qui vous craignent, & qui vous adorent: ainſi j'attens le Seigneur.

Je l'attens avec grand déſir, & me confie en ſes paroles & en ſes promeſſes: mon ame attend le Seigneur

Avec plus d'impatience que les ſentinelles ſur la fin de la nuit n'attendent le lever de l'aurore: Iſraël met ſon attente au Seigneur.

Car le Seigneur eſt plein de miſéricorde, & il a des graces abondantes pour nous racheter.

Il rachetera lui-même Iſraël, & le délivrera de tous ſes péchés.

Accordez-lui, &c.

Et ipſe rédimet Iſraël * ex ómnibus iniquitátibus ejus.

Réquiem, &c.

Puis on dira l'Hymne du ſaint Sacrement, Pange, lingua, *comme ci-devant, pag.* 7.

℣. Vous leur avez donné, Seigneur, le pain des cieux,

℟. Qui renferme en lui toutes les délices.

℣. Le Seigneur ſoit avec vous,

℟. Et avec votre eſprit.

℣. Panem de cœlo præſtitiſti eis

℟. Omne delectaméntum in ſe habéntem.

℣. Dóminus vobíſcum,

℟. Et cum ſpíritu tuo.

Prions.

O Dieu, qui ſous le glorieux voile du plus admirable Sacrement, nous avez laiſſé la mémoire de votre paſſion : faites-nous la grace, nous vous en prions, d'honorer ſi dignement les ſacrés myſtéres de votre corps & de votre ſang, que nous ſentions continuellement au dedans de nous le fruit de votre rédemption. Accordez-nous cette grace, ô Jeſus notre Seigneur, qui étant Dieu vivez & regnez avec votre Pere dans l'unité du Saint-Eſprit, dans les ſiécles des ſiécles. ℟. Ainſi ſoit-il.

Orémus.

Deus, qui nobis ſub Sacraménto mirábili paſſiónis tuæ memóriam reliquíſti : tríbue, quæſumus, ita nos córporis & ſánguinis tui ſacra myſtéria venerári, ut redemptiónis tuæ fructum in nobis júgiter ſentiámus. Qui vivis & regnas cum Deo Patre in unitáte Spíritûs ſancti Deus, per ómnia ſécula ſeculórum. ℟. Amen.

℣. Le Seigneur ſoit avec vous,

℟. Et avec votre eſprit.

℣. Béniſſons le Seigneur.

℟. Graces ſoient rendues à Dieu.

℣. Dóminus vobíſcum,

℟. Et cum ſpíritu tuo.

℣. Benedicámus Dño.

℟. Deo grátias.

RECOMMANDATION DE L'AME.

ORAISON. Súscipe, Dómine.

Recevez, Seigneur, votre serviteur (*ou* votre servante) dans ce lieu de salut & de félicité, que votre miséricorde lui donne sujet d'esperer. Ainsi soit-il.

Délivrez, Seigneur, l'ame de votre serviteur.... de tous les périls & de tous les tourmens de l'enfer. Ainsi soit-il.

Délivrez, Seigneur, l'ame de votre serviteur.... comme vous avez délivré Enoch & Elie de la mort commune de tous les hommes. Ainsi soit-il.

Délivrez, Seigneur, l'ame de votre serviteur.... comme vous avez délivré Noë du déluge. Ainsi soit-il.

Délivrez, Seigneur, l'ame de votre serviteur.... comme vous avez délivré Abraham de la terre des Chaldéens. Ainsi soit-il.

Délivrez, Seigneur, l'ame de votre serviteur.... commevous avez délivré Job de ses douleurs & de ses souffrances. Ainsi soit-il.

Délivré, Seigneur, l'ame de votre serviteur.... comme vous avez délivré Isaac des mains de son pere Abraham, lorsqu'il en voulut faire un sacrifice. Ainsi.

Délivrez, Seigneur, l'ame de votre serviteur.... comme vous avez délivré Loth du feu qni consuma la ville de Sodome. Ainsi soit-il.

Délivrez, Seigneur, l'ame de votre serviteur.... comme vous avez délivré Moyse de la puissance de Pharaon Roi d'Egypte Ainsi soit-il.

Délivrez, Seigneur, l'ame de votre serviteur.... comme vous avez délivré Daniel de la fosse des lions. Ainsi soit-il.

Délivrez, Seigneur, l'ame de votre serviteur.... comme vous avez délivré les enfans de la fournaise ardente, & des mains cruelles d'un Roi impie. Ainsi.

Délivrez, Seigneur, l'ame de votre servit ur.... comme vous avez délivré Susanne de la peine & de l'infamie d'une fausse accusation. Ainsi soit-il.

Délivrez, Seigneur, l'ame de votre serviteur.... comme vous avez délivré David de la main de Saül, & de la fureur de Goliath. Ainsi soit-il.

Délivrez, Seigneur, l'ame de votre serviteur.... comme vous avez délivré saint Pierre & saint Paul de leur prison. Ainsi soit-il.

Et enfin, Seigneur, comme vous avez fait la grace à la bienheureuse Vierge & Martyre sainte Thécle de la délivrer de trois horribles tourmens, ainsi délivrez l'ame de votre serviteur.... & faites-la entrer en possession avec vous des biens célestes, & de la gloire éternelle. Ainsi soit-il.

ORAISON. Commendámus tibi.

NOus nous jettons entre les bras de votre miséricorde, ô Pere éternel : nous vous supplions, ô Jesus, notre Seigneur & notre Sauveur, que vous ne refusiez pas d'élever dans le ciel, & de placer dans le sein de vos Patriarches l'ame de votre serviteur (*ou de votre servante*) pour laquelle votre bonté infinie vous a fait descendre sur la terre dans le sein d'une Vierge. Reconnoissez, Seigneur, votre créature, qui n'a pas été formée par des Dieux étrangers, mais par vous qui êtes le seul Dieu vivant & véritable; car nous savons qu'il n'y a point d'autre Dieu que vous, & que rien n'est comparable à l'excellence de vos ouvrages. Seigneur, accordez à son ame l'honneur & la joie de votre présence, & ne vous souvenez point de ses iniquités passées, & de tant d'excès & d'égaremens, où la violence & l'emportement de ses passions l'ont malheureusement engagée. Car encore qu'elle se soit corrompue à l'égard des mœurs, elle a néanmoins toujours conservé sa pureté de la foi, elle a cru les mystéres de la Religion, elle n'a pas manqué de zele pour Dieu & pour l'Eglise, & elle a fidelement adoré le Seigneur qui est l'auteur de toutes choses.

ORAISON A SAINT JOSEPH.

JUſte par excellence, pere & époux ſans pareil, très-aimable ſaint Joſeph, proſternés de cœur & d'affection à vos pieds, nous vous conjurons avec tout le reſpect dont nous ſommes capables, d'écouter favorablement les priéres de cette ſociété chrétienne en faveur de votre ſerviteur (*ou* de votre ſervante,) de recevoir ſon cœur qu'il (qu'elle) conſacre par notre miniſtere, par hommage à vos mérites : recevez-le donc, parce que ſi vous en êtes le protecteur, ſi vous êtes le tutelaire de ſon ame, il (elle) ſera agréable à jamais dans l'éternité au Pere céleſte, à Jeſus, à Marie. Ainſi ſoit-il.

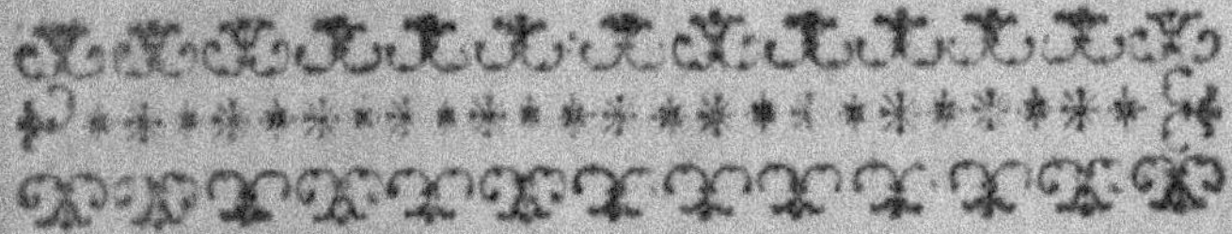

Le XIX. Mars.

SAINT JOSEPH, ÉPOUX DE LA SAINTE VIERGE.

ABRÉGÉ DE SA VIE.

SAINT JOSEPH étoit de la race royale de David; mais ses biens ne répondans pas à la grandeur de sa naissance, il fut obligé de faire la profession d'un artisan pour gagner sa vie. Dieu qui l'avoit destiné pour être le tuteur de son Fils, & le protecteur & le témoin de la pureté de la sainte Vierge, la lui donna pour épouse, & l'unit à elle par un mariage saint qui ne fut pas consommé par le commerce de la chair, mais qui fut consacré par la liaison pure d'un amour tout spirituel, & récompensé par la naissance de Jesus-Christ. L'Evangile fait en un mot l'éloge de la vertu de saint Joseph, en disant qu'il étoit un homme juste. Cette justice, qui n'est autre que la sainteté même, paroît dans toutes les actions que l'Ecriture sainte nous rapporte de lui. Il apperçut la grossesse de la sainte Vierge, & il en fut étonné; mais parce qu'il étoit juste, il n'osa ni condamner celle dans laquelle il n'avoit vû qu'une pureté angélique, ni demeurer avec une personne dont la faute, s'il y en avoit, pourroit rendre coupable son silence. Il se résolut donc de la quitter secrettement; & par une conduite si sage & si pure, il mérita d'apprendre par la bouche d'un Ange le mystére qu'il avoit jusqu'alors ignoré. Pour obéir à l'ordre d'Auguste, il alla à Bethléem faire écrire son nom, & il y adora dans une étable le Verbe fait chair, que le Pere éternel confioit à ses soins. Il le vit adoré par les Pasteurs & par les Mages dans Bethléem, & reconnu à Jérusalem par un vieillard & une sainte veuve. Les bassesses & les grandeurs de Jesus-Christ le jetterent dans l'admiration ; mais c'étoit une admiration pleine de foi, qui lui faisoit croire avec respect & soumission des mystéres qu'il ne comprenoit pas encore. Un Ange l'avertit de dérober Jesus-Christ à la rage d'Herode, & de s'enfuir promptement en Egypte avec la mere & l'enfant. Il obéit à ce commandement avec une fidélité entiére ; & il demeura en Egypte jusqu'à ce que l'Ange lui vînt dire de s'en retourner. S'il avoit tant de soumission pour les ordres particuliers de Dieu, il n'avoit pas moins d'exactitude pour garder la Loi générale Il alloit tous les ans à Jérusalem à la fête de Pâque ; & ce fut là que le Fils de Dieu s'étant dérobé à Marie & à lui à l'âge de douze ans, ce Saint partagea avec la sainte Vierge la douleur d'une perte si considérable, & le soin de chercher ce qu'ils avoient perdu. Voilà ce que l'Evangile nous apprend de saint Joseph, c'est-à-dire, de cet homme juste, de ce pauvre artisan, de ce chaste Epoux d'une Vierge mere, qui a passé pour le pere de Jesus-Christ, qui a nourri du travail de ses mains le Créateur de l'Univers, qui a sauvé de la mort celui dont la mort devoit sauver les hommes, & qui a vû soumis à ses ordres celui à qui toutes les créatures obéissent.

Priere. Pauvre, juste, chaste, obéissant & soumis ; par-là, Seigneur, il est devenu votre pere : par-là, Seigneur, nous pouvons devenir vos enfans, si votre grace soutient notre foiblesse.

L'OFFICE

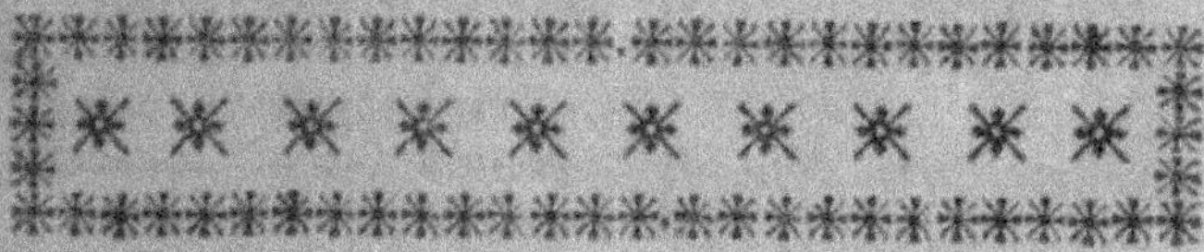

Le XIX. Mars.

LA FESTE DE SAINT JOSEPH.

AUX PREMIERES VESPRES.

Pater noster. Ave, María.

℣. Deus, in adjutórium meum inténde ;

℟. Dómine, ad adjuvándum me festína.

Glória Patri, & Fílio, * & Spirítui sancto :

Sicut erat in princípio, & nunc, & semper, * & in sécula seculórum. Amen.

Laus tibi, Dómine, Rex ætérnæ glóriæ.

Au temps de Pâque, Allelúia.

PSEAUME 109.

DIxit Dóminus Dómino meo : * Sede à dextris meis,

Donec ponam inimícos tuos * scabéllum pedum tuórum.

Virgam virtútis tuæ emíttet Dóminus ex Sion : * domináre in médio inimicórum tuórum.

Tecum princípium in die virtútis tuæ in splendóribus sanctórum : * ex útero ante lucíferum génui te.

Jurávit Dóminus, & non pœnitébit eum : * Tu es Sacérdos in ætérnum secúndùm órdinem Melchísedech.

Dóminus à dextris tuis :* confrégit in die iræ suæ Reges.

Judicábit in natiónibus, implébit ruínas : * conquassábit cápita in terra multórum.

De torrénte in via bibet : * proptéreà exaltábit caput.

Glória Patri, &c.

Ant. Múlier bona in parte timéntium Deum : dábitur viro pro factis bonis. *Eccli. 26.*

Au temps Paſcal on ajoute Allelúia. *après chaque Antienne.*

PSEAUME 110.

CONfitébor tibi, Dómine, in toto corde meo,* in concílio justórum & congregatióne.

Magna ópera Dómini,* exquisíta in omnes voluntátes ejus.

Conféſſio & magnificéntia opus ejus, * & justítia ejus manet in séculum séculi.

Memóriam fecit mirabílium suórum miséricors & miserátor Dóminus : * escam dedit timéntibus se.

Memor erit in séculum testaménti sui : * virtútem óperum suórum annuntiábit pópulo suo,

Ut det illis heræditátem géntium : * ópera mánuum ejus véritas & judícium.

Fidélia ómnia mandáta ejus, confirmáta in séculum séculi, * facta in veritáte & æquitáte.

Redemptiónem misit pópulo suo : * mandávit in ætérnum testaméntum suum.

Sanctum & terríbile nomen ejus : * inítium sapiéntiæ timor Dómini.

Intelléctus bonus ómnibus faciéntibus eum : * laudátio ejus manet in séculum séculi.

Glória Patri, &c.

Ant. Probáta sunt coram Deo & homínibus vir & múlier bene sibi consentiéntes. *Eccli. 25.*

PSEAUME 111.

BEátus vir qui timet Dóminum : * in mandátis ejus volet nimis.

Potens in terra erit semen ejus : * generátio rectórum benedicétur.

Glória & divítiæ in domo ejus : * & justítia ejus manet in séculum séculi.

Exórtum est in ténebris lumen rectis : * miséricors, & miserátor, & justus.

Jucúndus homo qui miserétur & cómmodat, dispónet sermónes suos in judício ; * quia in ætérnum non commovébitur.

In memória ætérna erit

justus : * ab auditióne malâ non timébit.

Parátum cor ejus speráre in Dómino, confirmátum est cor ejus :* non commovébitur, donec despíciat inimícos suos.

Dispérsit, dedit paupéribus : justítia ejus manet in séculum séculi : * cornu ejus exaltábitur in glória.

Peccátor vidébit & irascétur ; déntibus suis fremet & tabéscet : * desidérium peccatórum períbit.

Glória Patri, &c.

Ant. Honorábile connúbium in ómnibus, & thorus immaculátus. *Hebr.* 13.

Pseaume 112.

LAudáte, púeri, Dóminum : * laudáte nomen Dómini.

Sit nomen Dómini benedíctum,* ex hoc nunc & usque in séculum.

A solis ortu usque ad occásum * laudábile nomen Dómini.

Excélsus super omnes gentes Dóminus, * & super cœlos glória ejus.

Quis sicut Dóminus Deus noster, qui in altis hábitat, * & humília réspicit in cœlo & in terra ?

Súscitans à terra inopem, * & de stércore érigens páuperem ;

Ut cóllocet eum cum princípibus, * cum princípibus pópuli sui.

Qui habitáre facit stérilem in domo, * matrem filiórum lætántem.

Glória Patri, &c.

Ant. Cùm esset desponsáta Mater Jesu María Joseph, invénta est in útero habens de Spíritu sancto. *Matth.* 1.

Pseaume 116.

LAudáte Dóminum, omnes gentes :* laudáte eum, omnes pópuli ;

Quóniam confirmáta est super nos misericórdia ejus, * & véritas Dómini manet in ætérnum.

Glória Patri, &c.

Ant. Ascéndit Joseph in civitátem David, quæ vocátur Béthleem, cum María desponsáta sibi uxóre prægnánte. Cùm essent ibi, péperit María fílium suum primogénitum. *Luc.* 2.

Capitule. *Eccli.* 4.

SApiéntia lætificábit illum, & denudábit abcónsa sua illi, & thesaurizábit super illum sciéntiam & intelléctum justítiæ. ℟. Deo grátias.

HYMNE.

REGUM progénies,
Isácidum decus,
Festo te célebrent cármine cónjuges ;
Certatímque ferant cándida vírgines
Sponso lília vírgini.

Tu Joséphe, novi lux nova fœderis,
Tu custos sóciæ Vírginis ínteger,
Tu sanctæ thálamo cónjugis ábstinens,
Tu Christi tamen es pater.

ALTO progéniem quàm bene créditam
Servas consílio, depósitum Dei!
Tecum pervígiles Cœlítuum Pater
Curas júraque dívidit.

ARTUS inválidum tu púerum foves,
Infantíque Deo pábula sufficis ;
Et formáta Dei te sine de tuis
Crescunt membra labóribus.

SINT qui mille tubis úndique pérsonent
Adventâsse Deum, qui pópulos regat ;
Tu commissa tibi non violábili
Velas sacra siléntio.

SIT laus summa Patri, summaque Filio ;
Sit par alme tibi glória Spíritus,
Qui fœcúnda facis víscera Vírginis
Illábens útero Deus.

℟. Amen.

℣. Prævenísti eum, Dómine,

℟. In benedictiónibus dulcédinis.

Cantique de la Ste Vierge.

MAgníficat * ánima mea Dóminum.

Et exultávit spíritus meus * in Deo salutári meo ;

Quia respéxit humilitátem ancíllæ suæ : * ecce enim ex hoc beátam me dicent omnes generatiónes.

Quia fecit mihi magna qui potens est ; * & sanctum nomen ejus.

Et misericórdia ejus à progénie in progénies * timéntibus eum.

Fecit poténtiam in bráchio suo : * dispérsit supérbos mente cordis sui.

Depósuit poténtes de sede, * & exaltávit húmiles.

Esuriéntes implévit bonis, * & dívites dimísit inánes.

Suſcépit Iſraël púerum ſuum, * recordátus miſericórdiæ ſuæ,

Sicut locútus eſt ad patres noſtros, * Abraham & ſémini ejus in ſécula.

Glória Patri, &c.

Ant. Jacob génuit Joſeph virum Mariæ, de quâ natus eſt Jeſus qui vocátur Chriſtus. *Matth.* 1.

℣. Dóminus vobíſcum,

℟. Et cum ſpíritu tuo.

Orémus.

PRotéctor noſter, áſpice, Deus, & intercedénte beáto Joſeph ſanctíſſimæ genitrícis Unigéniti tui ſponſo, à váriis hujus vitæ nos defénde tentatiónibus; ut, omni perturbatióne ſubmótâ, líberis tibi méntibus ſerviámus. Per eúmdem Dóminum noſtrum Jeſum Chriſtum Fílium tuum, qui tecum vivit & regnat in unitáte Spíritûs ſancti Deus, &c.

Mémoire de la Férie.

℣. Dóminus vobíſcum,

℟. Et cum ſpíritu tuo.

℣. Benedicámus Dómino.

℟. Deo grátias.

Benedicat & cuſtódiat nos omnipotens & miſéricors Dóminus, Pater, & Fílius, & Spíritus ſanctus.

℟. Amen.

A COMPLIES.

Jube, domne, benedícere.

Noctem quiétam, & finem perféctum concédat nobis Dóminus omnípotens. ℟. Amen.

FRatres, ſóbrii eſtóte, & vigiláte; quia adverſárius veſter diábolus, tanquam leo rúgiens, círcuit quærens quem dévoret: cui reſiſtite fortes in fide. Tu autem, Dómine, miſerére nobis.

℟. Deo grátias.

℣. Adjutórium noſtrũ in nómine Dómini,

℟. Qui fecit cœlum & terram.

Pater noſter, &c.

Convérte nos, Deus ſalutáris noſter, &c.

Deus, in adjutóriũ meũ inténde, &c.

PSEAUME 49.

CUm invocárẽ, exaudívit me Deus juſtítiæ meæ: * in tribulatióne dilatáſti mihi.

Miserére meí, * & exáudi oratiónem meam.

Fílii hóminum, úsquequò gravi corde? * ut quid diligitis vanitátem, & quæritis mendácium?

Et scitóte quóniam mirificávit Dóminus Sanctum suum: * Dóminus exáudiet me, cùm clamávero ad eum.

Irascímini, & nolíte peccáre: * quæ dícitis in córdibus vestris, in cubílibus vestris compungímini.

Sacrificáte sacrifícium justítiæ, & speráte in Dómino: * multi dicunt, Quis osténdit nobis bona?

Signátum est super nos lumen vultûs tui, Dómine: * dedísti lætítiam in corde meo.

A fructu fruménti, vini, & ólei sui * multiplicáti sunt.

In pace in idípsum * dórmiam & requiéscam.

Quóniam tu, Dómine, singuláriter in spe * constituísti me.

Glória Patri, &c.

PSEAUME 30.

IN te, Dómine, sperávi; non confúndar in ætérnum: * in justítia tua líbera me.

Inclína ad me aurem tuam: * accélera ut éruas me.

Esto mihi in Deum protectórem, & in domum refúgii, * ut salvum me fácias.

Quóniam fortitúdo mea & refúgium meum es tu: * & propter nomen tuum dedúces me, & enútries me.

Edúces me de láqueo hoc, quem abscondérunt mihi; * quóniam tu es protéctor meus.

In manus tuas comméndo spíritum meum: * redemísti me, Dómine, Deus veritátis.

Glória Patri, &c.

PSEAUME 60.

QUi hábitat in adjutório Altíssimi, * in protectióne Dei cœli commorábitur.

Dicet Dómino: Suscéptor meus es tu, & refúgium meum: * Deus meus, sperábo in eum.

Quóniam ipse liberávit me de láqueo venántium, & à verbo áspero.

Scápulis suis obumbrábit tibi, * & sub pennis ejus sperábis.

Scuto circúmdabit te

véritas ejus : * non timébis à timóre noctúrno.

A ſagitta volánte in die, à negótio perambulánte in ténebris, * ab incúrſu, & dæmónio meridiáno.

Cadent à látere tuo mille, & decem míllia à dextris tuis :* ad te autem non appropinquábit.

Verúmtamen óculis tuis conſiderábis ;* & retributiónem peccatórum vidébis.

Quóniam tu es, Dómine, ſpes mea ; * altiſſimum poſuíſti refúgium tuum.

Non accédet ad te malum, * & flagéllum non appropinquábit tabernáculo tuo.

Quóniam Angelis ſuis mandávit de te, * ut cuſtódiant te in ómnibus viis tuis.

In mánibus portábunt te, * ne fortè offéndas ad lápidem pedem tuum.

Super áſpidem & baſilíſcum ambulábis, * & conculcábis leónem & dracónem.

Quóniam in me ſperávit, liberábo eum : * prótegam eum, quóniam cognóvit nomen meum.

Clamábit ad me, & ego exáudiam eum : * cum ipſo ſum in tribulatióne, erípiam eum, & glorificábo eum.

Longitúdine diérum replébo eum,* & oſténdam illi ſalutáre meum.

Glória Patri, &c.

PSEAUME 133.

ECce nunc benedícite Dóminum,* omnes ſervi Dómini.

Qui ſtatis in domo Dómini, * in átriis domûs Dei noſtri.

In nóctibus extóllite manus veſtras in ſancta,* & benedícite Dóminum.

Benedícat te Dóminus ex Sion,* qui fecit cœlum & terram.

Glória Patri, &c.

Ant. Miſerére meî, Dómine ; quóniam ad te clamávi totâ die.

HYMNE.

TE lucis ante términum,
Rerum Creátor, póſcimus,
Ut pro tuâ cleméntiâ
Hâc nocte nos cuſtódias.

FAC vana cuſtos Angelus
Pellat procul phantáſmata ;
Et dormiénte córpore,
Fac mens vigil te cógitet.

PRÆSTA, Pater piíſſime,
Patríque compar únice,
Sancto ſimul cum Spíritu,
Regnans per omne ſéculum. Amen.

CAPITULE. 1. *Theſſ.* 5.

OMnes vos filii lucis eſtis, & filii diéi : non ſumus noctis, neque tenebrárum. Igitur non dormiámus ſicut & céteri; ſed vigilémus, & ſóbrii ſimus. ℟. Deo grátias.

℟. *br.* In manus tuas, Dómine, * Commméndo ſpíritũ meum. In manus.

℣. Redemíſti nos, Dómine * Deus veritátis : * Commméndo. Glória. In manus.

℣. Cuſtódi me, Dómine, ut pupíllam óculi :

℟. Sub umbra alárum tuárum prótege me.

Cantique de S. Siméon. Luc. 2.

NUnc dimíttis ſervum tuum, Dómine, * ſecúndùm verbum tuum in pace;

Quia vidérunt óculi mei * Salutáre tuum,

Quod paráſti ante fáciem ómnium populórum,

Lumen ad revelatiónem géntium, & glóriam plebis tuæ Iſraël.

Glória Patri, &c.

Ant. Póſuit nos Deus in acquiſitiónem ſalútis per Dóminum noſtrum Jeſum Chriſtum; ut ſive vigilémus, ſive dormiámus, ſimul cum illo vivámus. 1. *Theſſ.* 5.

℣. Dóminus vobíſcum,

℟. Et cum ſpíritu tuo.

Orémus.

DEus, qui illúminas noctem, & lucem poſt ténebras facis : concéde propítius, ut hanc noctem ſine impediménto Sátanæ tranſeámus, atque in matutínis horis ad templum ſanctum tuum recurréntes, tibi Deo vivo & vero laudes & grátias referámus. Per Dóminum noſtrum Jeſum Chriſtum Fílium tuum, &c.

℣. Dóminus vobíſcum,

℟. Et cum ſpíritu tuo.

℣. Benedicámus Dño.

℟. Deo grátias.

Grátia Dómini noſtri Jeſu Chriſti, & cháritas Dei, & communicátio ſancti Spíritûs ſit cum ómnibus vobis. ℟. Amen.

Les Antiennes de la ſainte Vierge ſe trouvent ci-après, pages 51, 52, 56, 57.

A LA MESSE.

INTROÏT. *Ps.* 91.

LE juste planté dans la maison du Seigneur, & dans le Temple de notre Dieu, fleurira comme le palmier, & croîtra comme les cedres du Liban. [*Au temps Paschal*, Alleluia, alleluia.]

Ps. Il est bon de louer le Seigneur, & de chanter la gloire de votre nom, ô Très-haut. ℣. Gloire au Pere, &c.

JUstus ut palma florébit : sicut cedrus Líbani multiplicábitur, plantátus in domo Dómini, in átriis domûs Dei nostri. [*Au temps Paschal*, Allelúia, allúia.]

Ps. Bonum est confitéri Dómino, & psállere nómini tuo, Altíssime. ℣. Glória Patri, &c.

COLLECTE.

ASsistez-nous, Seigneur, par les mérites de l'Époux de votre très-sainte Mere; afin que son intercession nous obtienne les graces que nous ne pouvons obtenir par nous-mêmes. Par notre Seigneur Jesus-Christ votre Fils, qui étant Dieu vit & regne avec vous en l'unité du Saint-Esprit, dans tous les siécles des siécles. ℟. Ainsi soit-il.

Mémoire de la Férie.

EPÎTRE.

Leçon tirée du Livre de la Sagesse. Eccli. 41.

CE Saint a été chéri de Dieu & des hommes, & sa mémoire est en bénédiction. Le Seigneur a égalé sa gloire à celle des Saints : il l'a rendu grand & redoutable à ses ennemis, & il a appaisé des monstres par ses paroles. Il l'a comblé d'honneur devant les Rois : il lui a donné ses préceptes en présence de son peuple, & il lui a fait voir sa gloire. Il l'a rendu saint par sa foi & par sa douceur ; & il l'a choisi d'entre tous les hommes. Car il a entendu sa voix, & il l'a fait entrer dans la nuée. Et il lui a donné publiquement ses préceptes & sa loi pour regler la vie & les mœurs de son peuple.

GRADUEL. *Ps.* 20.

Dómine, prævenísti eum in benedictiónibus dulcédinis: posuísti in cápite ejus corónam de lápide p[illegible]tióso.	Seigneur, vous l'avez prévenu de la douceur de vos bénédictions: vous avez mis sur sa tête une couronne de pierres précieuses.
℣. Vitam pétiit à te, & tribuísti ei longitúdinem diérum in séculum séculi.	℣. Il vous a demandé la vie, & vous lui avez donné une longue durée de jours qui doit s'étendre dans tous les siécles.

TRAIT. *Ps.* 111.

Beátus vir qui timet Dóminum: in mandátis ejus cupit nimis. Potens in terra erit semen ejus: generátio rectórum benedicétur. Glória & divítiæ in domo ejus, & justítia ejus manet in sécu[illegible]m séculi.	Heureux celui qui craint le Seigneur; il mettra tout son plaisir à faire ses commandemens. Sa postérité sera puissante sur la terre: la race des justes sera bénie & heureuse. La gloire & les richesses sont dans sa maison, & sa justice demeure éternellement.

Au temps de Pâque, au lieu du Graduel & du Trait, on dit: Allelúia, allelúia.

℣. Beátus vir qui timet Dóminum: in mandátis ejus cupit nimis.	℣. Heureux celui qui craint le Seigneur: il met toute sa joie à observer ses commandemens.

Allelúia, allelúia.

℣. Justus germinábit sicut lílium, & florébit in ætérnum ante Dóminum.	℣. Le juste germera comme le lis: il fleurira éternellement devant le Seigneur.

PROSE.

O Vous, que les pompes du siécle & les biens périssables de la terre éblouissent par leur éclat enchanteur ; venez contempler un grand modéle, & apprenez de lui à mépriser la vaine félicité du monde.

Joseph, pere du Messie, issu de la race royale de David, est caché dans une étroite & obscure demeure, & gagne sa vie par le travail de ses mains.

L'homme-Dieu vous donne encore un plus grand exemple : égal en tout à son Pere éternel, il aime à passer pour le fils d'un artisan, & se rend artisan lui-même.

Quoique l'innocence même, il prend sur lui la peine imposée à l'homme pécheur; & il apprend ainsi aux coupables par quelles voies ils peuvent appaiser la colére de Dieu.

Et vous, le chef & le gardien de la sainte Famille, dans l'indigence générale où vous êtes ; grand Saint, vous nous apprenez que nous possédons tout en possédant Jesus-Christ.

O Uos pompa secli, quos opes
Fulgóre perstringunt suo,
Adéste : mundi próspera,
Auctóre magno, spérnite.

Joséphus en Christi pater,
Davídis augústum genus,
Vili tabérnâ cónditus,
Labóre victum quæritat.

Quin ipse, quin homo Deus,
Par Natus ætérno Patri,
Amat, fabrílis ártifex,
Audíre fabri fílius.

Adæ nocéntis innocens
Ultrò gravem pœnam subit,
Docetque sontes víndicem
Placáre quâ possint Deũ.

Tu rector & custos domûs,
Joséphe, egénus ómniũ,
Adésse nobis ómnia,
Si Christus adsit, áddoces.

Sɪᴛ summa Patri glória,
Natóque, pro nobis egens
Qui factus est de divite:
Par sit tibi laus, Spíritus. Amen.]

Gloire infinie au Pere : gloire infinie au Fils, qui de riche qu'il étoit, s'est rendu pauvre pour l'amour de nous : gloire pareille au Saint-Esprit.
Ainsi soit-il.]

EVANGILE.

Suite du saint Evangile selon saint Matthieu.
Ch. 1.

MArie Mere de Jesus ayant épousé Joseph, elle fut reconnue grosse, ayant conçu par le Saint-Esprit, avant qu'ils eussent été ensemble. Joseph son mari, étant juste, & ne voulant pas la déshonorer, résolut de la quitter secrettement. Mais lorsqu'il étoit dans cette pensée, un Ange du Seigneur lui apparut en songe, & lui dit : Joseph, fils de David, ne craignez point de prendre avec vous Marie votre femme. Car ce qui est né dans elle, a été formé par le Saint-Esprit, & elle enfantera un fils que vous appellerez Jesus ; parce que ce sera lui qui sauvera son peuple, en le délivrant de ses péchés.

OFFERTOIRE. *Ps.* 88.

Véritas mea & misericórdia mea cum ipso ; & in nómine meo exaltábitur cornu ejus. [Allelúia.]

Ma vérité & ma miséricorde seront avec lui ; & la majesté de mon nom élevera sa puissance. [Alleluia.]

SECRETTE.

SEigneur, en vous rendant les devoirs de notre servitude, nous vous supplions très-humblement de conserver en nous vos dons, par les mérites de saint Joseph, Époux de la Mere de notre Seigneur Jesus-Christ votre Fils, en la solemnité duquel nous vous offrons ce sacrifice de louange. Par le même Jesus-Christ votre Fils notre Seigneur, &c. Ainsi soit-il.

Mémoire de la Férie.

COMMUNION. *Matth.* 1.

Joseph, fils de David, ne craignez point de prendre avec vous Marie votre femme : car ce qui est né dans elle, a été formé par le Saint-Esprit. [Alleluia.]

Joseph fili David, noli timére accípere Maríam cónjugem tuam : quod enim in ea natum est, de Spíritu sancto est. [Allelúia.]

POST-COMMUNION.

ASsistez-nous, ô Dieu plein de miséricorde, & daignez conserver en nous, par l'intercession de saint Joseph votre Confesseur, les dons que vous nous avez faits. Par notre Seigneur J. C. &c. Ainsi soit-il.

Mémoire de la Férie.

AUX SECONDES VESPRES.

Les Pseaumes comme aux prémieres Vêpres, pag. 25.

[*Au temps de Pâque on ajoute un* Allelúia *à chaque Antienne.*]

1. *Ant.* ANgelus Dómini appáruit in somnis Joseph, dicens : Surge, & áccipe púerum & matrem ejus, & fuge in Ægyptum ; futúrum est enim, ut Heródes quærat púerum ad perdéndum eum. *Matthæi* 2.

2. *Ant.* Defúncto Heróde, ecce Angelus Dómini appáruit in somnis Joseph in Ægypto, dicens: Surge & áccipe púerum & matrem ejus, & vade in terram Israël. *Ibid.*

3. *Ant.* Consúrgens Joseph accépit púerum & matrem ejus, & venit in terram Israël. *Ibid.*

4. *Ant.* Ibant paréntes Jesu per omnes annos in Jerúsalem in die solémni Paschæ ; & cùm redírent, remánsit puer Jesus in Jerúsalem. *Luc.* 2.

5. *Ant.* Dixit mater ejus ad illum : Fili, quid fecísti nobis sic ? Ecce pater tuus & ego doléntes quærebámus te. *Ibid.*

CAPITULE. *Jer.* 29.

QUærétis me, & inveniétis : cùm quæsiéritis me in toto corde vestro, & inveníar à vobis, ait Dóminus.

HYMNE.

ISTE quem læti cólimus fidéles,
Cujus excélsos cánimus triúmphos,
Hâc die Joseph méruit perénnis
Gáudia vitæ.

CE grand Saint que nous honorons dans les transports les plus sinceres d'une sainte joie, & dont nous chantons le glorieux triomphe, Joseph mérita aujourd'hui d'entrer dans la joie de son divin Maître.

La suite de l'Hymne, comme ci-devant, pag. 13.

℣. Constítuit eum Deus dóminum domûs suæ,

℟. Et príncipem omnis possessiónis suæ.

Magníficat, p. 28.

Ant. Descéndit Jesus cum paréntibus, & venit Názareth : & erat súbditus illis. *Luc.* 2.

℣. Dóminus vobíscum,

℟. Et cum spíritu tuo.

Orémus.

DEus, qui Fílii tui temporálem pueríttiam fecísti esse mirábilem, quique illum paréntibus temporáliter subdi voluísti : præsta, ut spíritu consílii corda nostra illustréntur, & sincérâ humilitáte informentur. Per eúmdem Dóminum, &c.

Mémoire de la Férie.

AU SALUT.

L'Hymne pour la Procession, Pange, lingua. *comme ci-devant, pag.* 7.

REPONS.

REspéxit Elías ad caput suum subcinerícium panem : qui surgens comédit, & bibit. * Et ambulávit in fortitúdine cibi illíus usque ad montem Dei.

℣. Si quis manducáverit ex hoc pane, vivet in ætérnum. * Et ambulávit. Glória Patri, & Fílio, & Spirítui sancto. * Et ambulávit.

Hymne. Iste quem læti. *comme ci-dessus.*

℣. Panem de cœlo præstitisti eis,

℟. Omne delectaméntum in se habéntem.

℣. Dóminus vobiscum,

℟. Et cum spíritu tuo.

Orémus. Deus, qui nobis sub Sacraménto mirábili, &c. *pag.* 19.

Sanctissimæ genitrícis tuæ sponsi. *pag.* 7.

Pour le Roi.

QUæsumus, omnípotens Deus, ut fámulus tuus Rex noster N. qui tuâ miseratióne suscépit Regni gubernácula, virtútum étiam ómnium percípiat increménta; quibus decénter ornátus, vitiórum monstra devitáre, hostes superáre, & ad te qui via, véritas & vita es, gratiósus váleat perveníre. Qui vivis & regnas Deus.

℟. Amen.

℣. Dóminus vobiscum,

℟. Et cum spíritu tuo.

℣. Benedicámus Dño.

℟. Deo grátias.

℣. Adjutórium nostrum in nómine Dómini,

℟. Qui fecit cœlum & terram.

Benedícat vos omnípotens Deus, Pater, & Filius, & Spíritus sanctus.

℟. Amen.

Puis on dit le Pseaume De profúndis clamávi. *& le* ℣. Réquiem, &c. *ci-devant, pag.* 18.

℣. Dóminus vobiscum,

℟. Et cum spíritu tuo.

Orémus.

DEus véniæ largítor & humánæ salútis amátor, quæsumus cleméntiam tuam, ut hujus Congregatiónis fratres, propínquos & benefactóres nostros, qui ex hoc sǽculo transiérunt, beatâ Maríâ semper Vírgine intercédente, cum ómnibus Sanctis tuis, ad perpétuæ beatitúdinis consórtium perveníre concédas. Per Christum Dóminum nostrum. ℟. Amen.

℣. Requiéscant in pace.

℟. Amen.

Les Complies comme ci-devant, pag. 29.

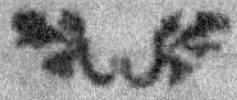

1.
QUos pompa seculi, quos opes
Fulgore perstringunt su-o,
A-deste: mundi pros-pe-ra,
Auctore magno, sperni-te.
2. Jo-sephus en Christi pater,
Da-vidis augustum genus,
Vi- li taber-nâ con-ditus,
La-bore victum quæri- tat.

3. Quin ipse, quin homo De-us,
Par Natus æ- terno Pa-tri,
Amat, fa- brilis ar-ti-fex,
Au- di- re fa-bri fi- li- us.
4. A-dæ nocentis innocens
Ultrò gravem pœnam su-bit,
docetque sontes vindicem
Placa- re quà possint Deum.

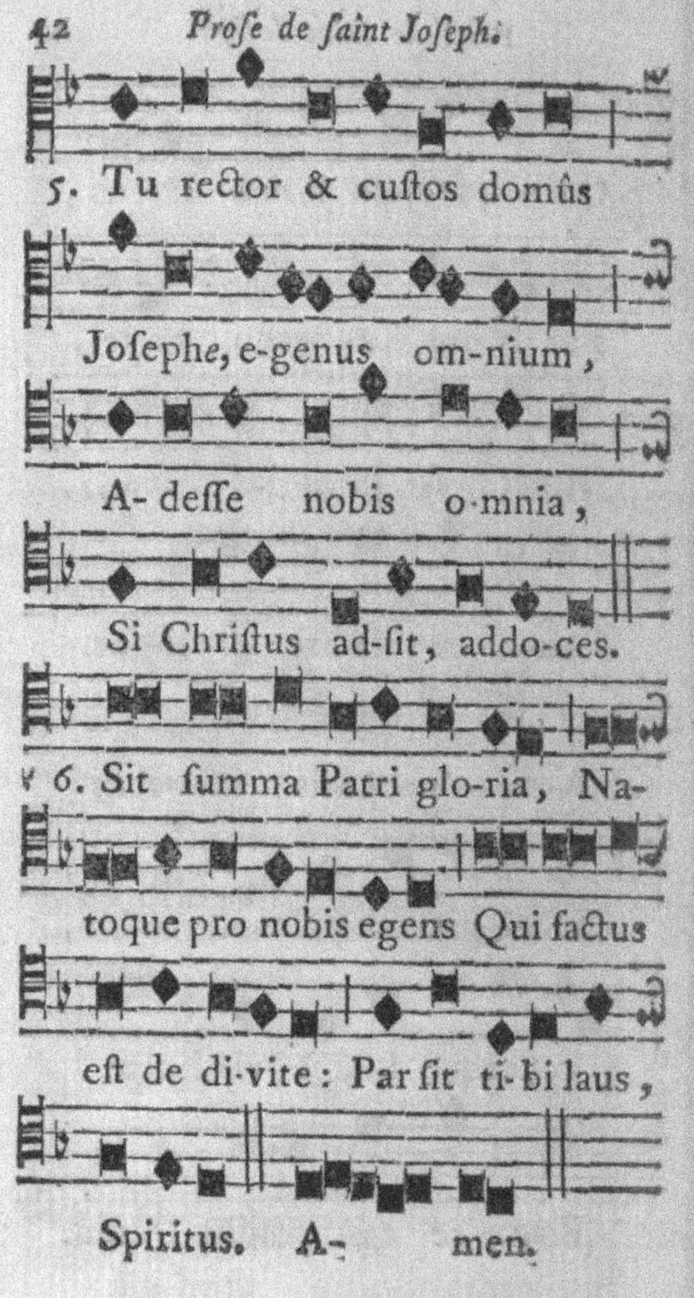
5. Tu rector & custos domûs
Josephe, e-genus om-nium,
A-desse nobis o-mnia,
Si Christus ad-sit, addo-ces.
6. Sit summa Patri glo-ria, Na-
toque pro nobis egens Qui factus
est de di-vite: Par sit ti-bi laus,
Spiritus. A- men.

CONFRÉRIE
A L'HONNEUR
DE LA SAINTE VIERGE,

Établie dans l'Eglise de la paroisse de saint Pierre de Tonnerre.

REGLEMENS

De l'association des Sœurs appellées Filles de la Vierge, *sous la protection de cette Vierge sainte, dans la paroisse de saint Pierre de Tonnerre, par Edme-Claude Demarcenay, Curé de ladite paroisse, sous l'autorité & l'agrément de Monseigneur* Gilbert de Montmorin, *Evêque Duc de Langres, Pair de France, Commandeur de l'Ordre du Saint-Esprit, pour la décoration des Autels.*

Premier Article.

LA fête solemnelle de l'association sera le Dimanche qui suivra la fête de la Présentation de la sainte Vierge au Temple. La Messe paroissiale qui sera celle de l'association, se dira avec beaucoup de solemnité ainsi que les Vêpres qui seront suivies d'un

Salut à la ſainte Vierge dans lequel on chantera les Litanies à ſon honneur, les Antiennes *Sub tuum præſidium. Alma Redemptoris.* le verſet, la Collecte du jour de la Préſentation : enſuite on chantera l'Hymne *Pange, lingua.* & l'on dira la Collecte du ſaint Sacrement; cérémonie qui ſera terminée par la bénédiction du ſaint Sacrement.

Mais ſi ce Dimanche eſt le quatriéme du mois dans lequel jour il y a dans le Chapitre de cette Egliſe Salut du ſaint Sacrement, on dira ſeulement les Antiennes ci-devant nommées, à l'honneur de la ſainte Vierge, après leſquelles le Curé donnera la bénédiction avec l'Image de la très ſainte Vierge.

Avant les Vêpres il y aura inſtruction aux Sœurs par le Curé ou par une autre perſonne choiſie par lui, ſur le reſpect dû aux Temples, ſur le bonheur de concourir à la décoration des Autels.

II. Comme les filles prennent ſainte Catherine pour leur Patrone, par reconnoiſſance pour le bien que les Sœurs veulent bien faire à la Paroiſſe, on leur fera le jour de la fête de cette Sainte l'Office ſolemnel comme il eſt d'uſage.

III. Le Salut qui ſe dit tous les premiers Samedis de chaque mois, ſera remis au lendemain Dimanche, avec la permiſſion de Monſeigneur, & ſe dira à l'iſſuë des Vêpres, auquel Salut les Sœurs ſeront obligées d'aſſiſter.

IV. Dans les jours des Fêtes de la ſainte Vierge obſervées par le peuple, comme les jours de l'Annonciation, de la Conception, de la Nativité, de la Purification, & de l'Aſſomption, les Sœurs ſe confeſſeront & communieront à la Meſſe de la paroiſſe, à moins qu'elles n'en ſoient diſpenſées par M. le Curé.

Lorſque ces Fêtes ne tomberont point dans les jours où les Chanoines donnent la bénédiction du ſaint Sacrement, il y aura Salut & bénédiction, ainſi qu'il eſt expliqué dans le premier Article, autrement il n'y aura que le Salut de la ſainte Vierge.

V. Les Sœurs qui sçauront lire, diront tous les premiers Dimanches de chaque mois, les jours des Fêtes de la sainte Vierge énoncées dans le premier & le quatriéme Article, le petit Office de la sainte Vierge.

Celles qui ne sçauront point lire, diront dans ces jours, le matin & le soir, le Chapelet.

Les unes & les autres auront attention de faire ces priéres devant l'Autel de la sainte Vierge autant qu'elles le pourront.

VI. Si l'une des Sœurs tombe malade dangereusement, & si on lui porte le saint Viatique, autant qu'il sera possible, il y en aura deux qui accompagneront le saint Sacrement avec un cierge. On dira pour la malade au retour du saint Sacrement le *Sub tuum præsidium*, le *Stabat mater*, avec la Collecte à l'honneur de la sainte Vierge; & si la malade meurt, les Sœurs seront invitées d'assister à son convoi, & à une Messe haute qui sera dite à l'Autel de la sainte Vierge, le jour qui sera indiqué par M. le Curé, pour le repos de son ame, par reconnoissance des services qu'elle aura rendus pour l'ornement des Autels.

VII. Il sera tenu un Registre des personnes qui voudront bien se consacrer à la dévotion des Autels, lequel Registre sera toujours remis à M. Curé.

VIII. On n'éxigera rien pour l'entrée dans cette association. Celles qui voudront donner quelque chose, remettront leurs dons à la Trésoriére, qui en fera l'usage qui lui sera indiqué par M. le Curé, & toute la société.

IX. On recevra indistinctement toutes les personnes qui se présenteront : ce sera à M. le Curé de les distinguer & de leur donner les places conformes à leurs rangs & à leurs talens.

X. Après les Saluts qui se diront à l'honneur de la sainte Vierge tous les premiers Dimanches de chaque mois, les Sœurs s'assembleront dans une des Chapelles de l'Eglise, à l'heure qui leur sera indiquée par M. le Curé, pour conférer sur ce qui conviendra de faire pour les linges, & ornemens de l'Eglise.

S'il y a quelques plaintes à faire sur la négligence de quelques-unes, elles seront faites avec ménagement, décence, & charité; & M. le Curé leur donnera avec bonté les avis convenables.

XI. Les deux Sœurs qui seront choisies pour la décoration du Maître Autel, seront regardées comme les premiéres de l'association : l'une sera dénommée Supérieure, l'autre Trésoriére. Ce sera celle-ci qui sera chargée du détail de donner ce qui sera nécessaire pour faire raccommoder les linges ou ornemens qui payera les marchands, qui fera un mémoire éxact de la dépense, lequel signé, approuvé par M. le Curé, sera présenté au Fabricien en charge, pour être remboursé de ses dépenses. La Supérieure veillera que tous les Autels soient ornés selon la solemnité des jours; que les Sœurs ayent soin de bien entretenir & raccommoder les linges & ornemens qui leur seront confiés, & que les marche-pieds des Autels soient entretenus propres autant qu'il sera possible.

XII. Il y aura deux Sœurs dont l'occupation sera de blanchir, ou de faire blanchir les linges de l'Eglise. Les dépenses qu'elles feront, leur seront remboursées par la Trésoriére.

XIII. Tous les Samedis, les veilles des Fêtes, les Sœurs viendront orner les Autels selon les solemnités, & froteront les marche-pieds des Autels.

Les Dimanches au soir & les jours des Fêtes, le Service divin fait, elles viendront déparer les Autels, & les revêtiront de leurs ornemens communs. Elles s'acquitteront de ce devoir avec respect, décence, & observeront un profond silence.

XVI. Ce sera la Supérieure & la Trésoriére qui seront chargées des clefs. Elles auront attention de se trouver dans les heures indiquées pour ouvrir les coffres, armoires qui renfermeront les linges & ornemens. Si elles ne peuvent s'y rendre, elles chargeront quelques autres de cet office.

XV. Si quelques femmes chrétiennes désirent entrer dans cette association, pour concourir à la décoration des Autels, elles seront reçues avec la distinction & la bienséance dûe à leur état.

PRIERE

Pour le Salut qui se dit le premier Dimanche de chaque mois de l'année.

Dans l'Avent jusqu'au Carême.

JE vous salue, brillante étoile de la mer, Vierge sainte, qui en mettant au monde le Sauveur, nous avez ouvert le ciel.

AVE, maris stella,
Dei mater alma,
Atque semper virgo,
Felix cœli porta.

Recevant la salutation de l'Ange Gabriel, vous devenez plus véritablement qu'Eve la mere des vivans; & votre intercession nous procure la véritable paix.

SUMENS illud Ave
Gabriélis ore,
Funda nos in pace,
Mutans Evæ nomen.

Nous sommes captifs & aveugles; rendez-nous la liberté & la lumiére, & faites-nous obtenir la grace d'éviter le mal, & de chercher le bien.

SOLVE vincla reis,
Profer lumen cæcis,
Mala nostra pelle,
Bona cuncta posce.

Montrez-vous notre mere en faisant monter nos priéres jusqu'à celui, qui pour nous sauver, a bien voulu naître de vous.

MONSTRA te esse matrem:
Sumat per te preces,
Qui pro nobis natus
Tulit esse tuus.

VIRGO singuláris,
Inter omnes mitis,
Nos culpis solútos,
Mites fac & castos.

Vierge incomparable, & la plus humble de toutes les créatures, demandez-lui la délivrance de nos péchés, & qu'il nous rende humbles & chastes comme vous.

VITAM præsta puram,
Iter para tutum;
Ut vidéntes Jesum,
Semper collætémur.

Obtenez-nous cette innocence de mœurs, qui conduit sûrement à Jesus-Christ; afin que le voyant un jour dans sa gloire, nous goûtions avec vous les joies éternelles.

SIT laus Deo Patri,
Summo Christo decus,
Spirítui sancto,
Tribus honor unus.
Amen.

Louanges à Dieu le Pere, à Jesus-Christ notre Seigneur, & au Saint-Esprit: qu'un seul & même hommage soit rendu à la sainte Trinité. Ainsi soit-il.

Ant. Sub tuum præsídium confúgimus, sancta Dei Génitrix: nostras deprecatiónes ne despícias in necessitátibus; sed à perículis cunctis líbera nos semper, Virgo gloriósa & benedícta.

Ant. Nous avons recours à votre protection, sainte Mere de Dieu: ne méprisez pas les priéres que nous vous adressons dans nos besoins; mais obtenez-nous la délivrance de tous les dangers auxquels nous sommes sans cesse exposés, ô Vierge comblée de gloire & de benédictions.

LES LITANIES DE LA SAINTE VIERGE.

KYrie, eléison.	SEigneur, ayez pitié de nous.
Christe, eléison.	Jesus, ayez pitié de nous,
Kyrie, eléison.	Seigneur, ayez pitié de nous.
Christe, audi nos.	Jesus, écoutez-nous.
Christe, exáudi nos.	Jesus, éxaucez-nous,

Pere

Pere céleste, qui êtes Dieu, ayez pitié de nous.		Pater de cœlis, Deus, miserére nobis,	
Fils, Redempteur du monde, qui êtes Dieu, ayez pitié de nous.		Fili Redémptor mundi, Deus, miserére nobis.	
Esprit saint, qui êtes Dieu, ayez pitié de nous.		Spíritus sancte, Deus, miserére nobis.	
Trinité sainte, qui êtes un seul Dieu, ayez.		Sancta Trinitas, unus Deus, miserére.	
Sainte Marie, priez pour nous.		Sancta María, ora pro nobis.	
Sainte Mere de Dieu,		Sancta Dei Génitrix,	
Sainte Vierge des Vierges,		Sancta Virgo Vírginum,	
Mere de Jesus-Christ,	Priez pour nous.	Mater Christi,	Ora pro nobis.
Mere de l'Auteur de la grace,		Mater divinæ grátiæ,	
Mere très-pure,		Mater puríssima,	
Mere très-chaste,		Mater castíssima,	
Mere toujours Vierge,		Mater inviolàta,	
Mere sans tache,		Mater intemeráta,	
Mere aimable,		Mater amabilis,	
Mere admirable		Mater admirábilis,	
Mere du Créateur,		Mater Creatóris,	
Mere du Sauveur,		Mater Salvatóris,	
Vierge très-prudente,		Virgo prudentíssima,	
Vierge vénérable,		Virgo veneránda,	
Vierge digne de louange,	Priez pour nous.	Virgo prædicánda,	Ora pro nobis.
Vierge puissante auprès de Dieu,		Virgo potens,	
Vierge pleine de bonté,		Virgo clemens,	
Vierge fidelle,		Virgo fidélis,	
Miroir de justice,		Spéculum justítiæ,	
Temple de la divine sagesse,		Sedes sapiéntiæ,	
Mere de celui qui fait toute notre joie,		Causa nostræ lætitiæ,	

Vas ſpirituále,	Demeure du ſaint Eſprit,
Vas insigne devotiónis,	Modéle de piété,
Vas honorábile,	Vaiſſeau d'élection,
Roſa myſtica,	Roſe myſtérieuſe,
Turris Davídica,	Gloire de la maiſon de David,
Turris ebúrnea,	Modéle de pureté,
Domus áurea,	Sanctuaire de la charité,
Fœderis arca,	Arche d'alliance,
Jánua cœli,	Porte du ciel,
Stella matutína,	Étoile du matin,
Salus infirmórum,	Reſſource des infirmes,
(Ora pro nobis.)	*(Priez pour nous.)*
Refúgium peccatórum, ora pro nobis.	Refuge des pécheurs, priez pour nous.
Conſolátrix afflictórum, ora pro nobis.	Conſolation des affligés, priez pour nous.
Auxílium Chriſtianórũ, ora pro nobis	Secours des Chrétiens, priez pour nous.
Regína Angelórum, ora pro nobis.	Reine des Anges, priez pour nous.
Regína Patriarchárum, ora pro nobis.	Reine des Patriarches, priez pour nous.
Regína Prophetárum, ora pro nobis.	Reine des Prophètes, priez pour nous.
Regína Apoſtolórum, ora pro nobis.	Reine des Apôtres, priez pour nous.
Regína Mártyrum, ora pro nobis.	Reine des Martyrs, priez pour nous.
Regína Confeſſórum, ora pro nobis.	Reine des Confeſſeurs, priez pour nous.
Regína Vírginum, ora pro nobis.	Reine des Vierges, priez pour nous.
Regína Sanctórum ómnium, ora pro nobis.	Reine de tous les Saints, priez pour nous.
Agnus Dei, qui tollis peccáta mundi, parce nobis, Dómine.	Agneau de Dieu, qui effacez les péchés du monde, pardonnez-nous, Seigneur.

Agneau de Dieu, qui effacez les péchés du monde, éxaucez-nous, Seigneur.	Agnus Dei, qui tollis peccáta mundi, exáudi nos, Dómine.
Agneau de Dieu, qui effacez les péchés du monde, ayez pitié de nous.	Agnus Dei, qui tollis peccáta mundi, miserére nobis.
Jesus, écoutez-nous.	Christe, audi nos.
Jesus, éxaucez-nous.	Christe, exáudi nos.

ANTIENNES DE LA SAINTE VIERGE.

Pendant l'Avent.

AImable Mere du Rédempteur, porte du ciel toujours ouverte, étoile de la mer, secourez par vos priéres ce peuple qui veut se relever de ses chutes. Vous qui par un miracle qui a étonné la nature, avez enfanté votre Créateur, en demeurant vierge devant & après l'enfantement; vous qui reçûtes de la bouche de l'Ange Gabriel cette heureuse salutation, ayez pitié des pécheurs.	ALMA Redemptóris Mater, quæ pérvia cœli Porta manes, & stella maris, succúrre cadénti, Súrgere qui curat pópulo. Tu quæ genuísti, Natúrâ miránte, tuum sanctum genitórem, Virgo priùs ac postériùs, Gabriélis ab ore Sumens illud Ave, peccatórum miserére.
℣. L'Ange du Seigneur annonça à Marie :	℣. Angelus Dómini nuntiávit Maríæ :
℟. Et elle conçut par l'opération du saint Esprit.	℟. Et concépit de Spíritu sancto.

Oraison. Grátiam tuam, quæsumus, Dómine.

RÉpandez, s'il vous plaît, Seigneur, votre grace dans nos ames; afin qu'ayant connu par la voix de l'Ange l'Incarnation de Jesus-Christ votre Fils, nous arrivions par sa passion & sa croix, à la gloire de sa résurrection. Par le même J. C. N. S.

Après l'Avent, on dit ce qui suit.

℣. Vous êtes demeurée vierge & sans tache après votre enfantement :	℣. Post partum virgo invioláta permansísti :

℟. Dei Génitrix, intercéde pro nobis.	℟. Mere de Dieu, intercédez pour nous.

Oraison. Deus, qui salútis ætérnæ.

O Dieu, qui en rendant féconde la virginité de la bienheureuse Vierge Marie, avez assuré au genre humain les récompenses du salut éternel : nous vous prions de nous faire éprouver dans nos besoins combien est puissante auprès de vous l'intercession de celle par laquelle nous avons reçu l'auteur de la vie, Jesus-Christ votre Fils N. S. ℟. Ainsi soit-il.

Après la Purification jusqu'au Jeudi Saint.

AVE, Regína cœlórum ; Ave, Dómina Angelórum ; Salve, radix; salve porta, Ex qua mundo lux est orta. Gaude, Virgo gloriósa, Super omnes speciósa : Vale, ô valde decóra, Et pro nobis Christum exóra.	JE vous salue, Reine du ciel ; je vous salue, Reine des Anges ; sacrée tige de laquelle est sorti ce divin rejetton, qui est venu éclairer le monde. Réjouissez-vous, ô Vierge, qui surpassez en beauté toutes les Vierges ; & obtenez-nous notre grace auprès de votre Fils adorable.
℣. Dignáre me laudáre te, Virgo sacráta :	℣. Vierge sainte, obtenez-moi la grace de vous louer dignement :
℟. Da mihi virtútem contra hostes tuos.	℟. Demandez pour moi la force de résister à vos ennemis.

Oraison. Concéde, miséricors Deus.

DIeu de bonté, accordez à notre foiblesse les secours de votre grace : & comme nous honorons la mémoire de la sainte Mere de Dieu, faites que par le secours de son intercession, nous nous relevions de nos iniquités. Nous vous en supplions par le même Jesus-Christ notre Seigneur. ℟. Ainsi soit-il.

Ensuite le Prêtre donne la bénédiction avec l'Image de la sainte Vierge.

Puis on dit le Pſ. De profundis, *& le* ℣. Réquiem. *comme ci-devant, pag.* 18.

Oraiſon. Deus, véniæ largítor.

O Dieu, qui pardonnez aux pécheurs, & qui aimez le ſalut des hommes: nous ſupplions votre miſéricorde, par l'interceſſion de la bienheureuſe Marie toujours Vierge, & de tous vos Saints, de faire arriver à la béatitude éternelle nos freres, nos parens & nos bienfaicteurs qui ſont ſortis de ce monde. Nous vous en ſupplions par notre Seigneur Jeſus-Chriſt.

℟. Ainſi ſoit-il.

Pour les Bienfaicteurs, Abſólve, quæſumus.

DAignez, Seigneur, délivrer de tous les liens du péché les ames de vos ſerviteurs & de vos ſervantes qui ſont morts dans la foi; afin qu'au jour de la réſurrection glorieuſe, ils jouiſſent du repos éternel avec vos Saints & vos élus. Nous vous en ſupplions par les mérites de celui qui doit venir juger les vivans & les morts, & le monde par le feu.

℟. Ainſi ſoit-il.

*Dans le Carême, à la place d'*Ave, maris ſtella: *on chante ce qui ſuit.*

Prose a l'honneur de la sainte Vierge.

LA Mere de Jeſus aux pieds de la croix où ſon Fils eſt attaché, ſent au dedans d'elle-même la plus vive de toutes les amertumes.

STabat Mater doloróſa,
Juxta crucem lacrymóſa,
Dum pendébat Fílius.

C'eſt-là que ſon ame eſt percée du glaive de douleur, que le ſaint vieillard Siméon lui avoit prédit.

Cujus ánimam geméntem,
Contriſtátam & doléntem
Pertransívit gládius.

Quelle triſteſſe s'empare de cette ſainte Mere du Fils unique de Dieu,

O quàm triſtis & afflícta
Fuit illa benedícta
Mater unigéniti,

Quæ mœrébat, & dolébat·
Et tremébat, cùm vidébat
Nati pœnas ínclyti!
Quis est homo qui non fleret,
Christi matrem si vidéret
In tanto supplício?
Quis posset non contristári
Piam matrem contempári,
Doléntem cum Fílio?
Pro peccátis suæ gentis,
Vidit Jesum in torméntis,
Et flagéllis súbditum.
Vidit suum dulcem Natum
Moriéntem, desolátum,
Dum emísit spíritum.
Eia Mater, fons amóris,
Me sentíre vim dolóris
Fac, ut tecum lúgeam.
Fac ut árdeat cor meum
In amándo Christum Deum,
Ut sibi compláceam.
Sancta Mater, istud agas,

Lorsqu'elle voit souffrir le plus honteux supplice à un Fils qu'elle sçait être le Dieu de gloire!

Qui pourroit retenir ses larmes en voyant la mere de Jesus-Christ dans cet excès de douleur?

Qui pourroit demeurer insensible en considérant cette mere tendre, souffrante avec son Fils?

Elle voit Jesus dans les tourmens pour les péchés de sa nation; elle voit son corps déchiré à coups de fouets.

Ce Fils qu'elle aime uniquement, elle le voit dans la derniére agonie, abandonné de tout le monde, expirer sur une croix.

O Mere, pleine d'amour, obtenez-moi la grace de sentir les traits qui vous percent; faites par vos priéres que je partage avec vous la douleur qui vous pénétre.

Faites que mon cœur soit embrasé de l'amour de Jesus-Christ, en sorte que je pense plus qu'à lui plaire.

Chaste Mere d'un Dieu attaché pour moi sur la

croix, demandez-lui qu'il imprime profondément ses plaies dans mon cœur.

Daignez partager avec moi les tourmens de ce Fils adorable qui veut bien souffrir la mort pour me racheter.

Demandez-lui qu'il me fasse sincérement compatir toute ma vie aux douleurs qu'il endure sur la croix.

Mon desir le plus ardent est de me tenir avec vous auprès de cette croix, & l'arroser de mes larmes.

O Vierge, la plus pure de toutes les Vierges, ne me refusez pas la grace que je vous demande : obtenez de votre Fils qu'il me fasse souffrir avec vous.

Qu'il me fasse porter sans cesse sa croix & sa mort, & qu'il grave dans ma mémoire les tourmens & l'ignominie de sa passion.

Qu'il me blesse de ses blessures, & que son amour me fasse boire comme un vin délicieux les amertumes de sa croix.

Que cet amour embrase mon cœur, & que votre protection puissante obtienne pour moi le salut éternel au jour du jugement.

Crucifixi fige plagas
Cordi meo válidè.

Tui Nati vulneráti,
Jam dignáti pro me pati,
Pœnas mecum dívide.

Fac me verè tecum flere,
Crucifíxo condolére,
Donec ego víxero.

Juxta crucem tecum stare,
Te libénter sociáre
In planctu desídero.

Virgo Vírginum præclára,
Mihi jam non sis amára,
Fac me tecum plángere.

Fac ut portem Christi mortem,
Passiónis ejus sortem
Et plagas recólere.

Fac me plagis vulnerári,
Cruce hác inebriári,
Ob amórem Fílii.

Inflammátus & accénsus,
Per te, Virgo, sim defénsus
In die judícii.

Fac me cruce custodíri,
Morte Christi præmuníri,
Confovéri grátiâ.
Quando corpus moriétur,
Fac ut ánimæ donétur
Paradísi glória. Amen.

Que la croix de votre Fils soit ma défense: que sa mort soit ma sureté, & que sa grace soit mon soutien.

Et quand mon corps mourra, obtenez à mon ame la gloire de la félicité du ciel. Ainsi soit-il.

Orémus.

INterveníat pro nobis, quæsumus, Dómine Jesu Christe, nunc & in hora mortis nostræ, apud tuam cleméntiam beáta Virgo María mater tua, cujus sacratíssimam ánimam in hora tuæ passiónis dolóris gládius pertransívit. Qui vivis & regnas in sécula seculórum. Amen.

Prions.

FAites, s'il vous plaît, Seigneur, que nous trouvions grace auprès de vous maintenant & à l'heure de notre mort par l'intercession de la bienheureuse Vierge Marie votre mere, dont l'ame fut percée d'un glaive de douleur dans le temps de votre passion. Vous qui étant Dieu vivez & regnez éternellement. Ainsi soit-il.

Depuis Pâque jusqu'à la Trinité on chante, Ave, maris stella. *ci-devant*, *pag.* 47. *& ce qui suit.*

REgína cœli, lætáre, allelúia;
Quia quem meruísti portáre, allelúia,
Resurréxit sicut dixit, allelúia.
Ora pro nobis Deum, allelúia.

Reine du ciel, réjouissez-vous, alleluia; puisque celui que vous avez eu le bonheur de porter dans vos entrailles sacrées, alleluia, est ressuscité, comme il avoit dit, alleluia. Priez Dieu pour nous, alleluia.

℣. Gaude & lætáre, Virgo María,

℣. Réjouissez-vous, Marie toujours Vierge;

℟. Quia surréxit Dóminus verè.

℟. Parce que le Seigneur est véritablement ressuscité.

Oraison. Deus, qui per resurrectiónem.

O Dieu, qui avez bien voulu donner aux hommes une joie sainte par la résurrection de votre Fils notre Seigneur Jesus-Christ : faites, s'il vous plaît, qu'étant aidés des priéres de sa sainte Mere la Vierge Marie, nous participions à la joie d'une vie éternelle & bienheureuse. Par le même Jesus-Christ notre Seigneur. ℟. Ainsi soit-il.

Depuis la Trinité jusqu'à l'Avent, on chante Ave, maris stella. *ci-devant, pag. 47. & ce qui suit.*

Nous vous saluons, ô Reine, Mere de miséricorde : notre vie, notre douceur & notre espérance, nous vous saluons. Nous élevons nos voix vers vous, comme des exilés, & des malheureux enfans d'Eve. Nous poussons vers vous nos soupirs & nos gémissemens dans cette vallée de larmes : soyez donc notre avocate, & jettez sur nous des regards de miséricorde, & après l'exil de cette vie montrez-nous Jesus, ce fruit sacré de votre sein, ô Vierge Marie, remplie de tendresse & de bonté pour les hommes.

℣. Sainte Mere de Dieu, priez pour nous ;

℟. Afin que nous soyons dignes des promesses de Jesus-Christ.

Salve, Regina, mater misericórdiæ ; vita, dulcédo, & spes nostra, salve ; ad te clamámus éxules filii Evæ ; ad te suspirámus geméntes & flentes in hac lacrymárum valle : eia ergo, advocata nostra, illos tuos misericórdes óculos ad nos convérte, & Jesum benedictum fructum ventris tui nobis post hoc exílium osténde, ô clemens, ô pia, ô dulcis Virgo María.

℣. Ora pro nobis, sancta Dei Génitrix ;

℟. Ut digni efficiámur promissiónibus Christi.

Oraison. Omnípotens, sempitérne Deus.

Dieu, tout-puissant & éternel, qui par la coopération du saint Esprit, avez préparé le corps & l'ame de la glorieuse Vierge Marie, pour en faire une demeure digne de votre Fils; accordez-nous la grace, pendant que nous célébrons sa mémoire avec joie, d'être délivrés par son intercession des maux présens, & de la mort éternelle. Nous vous en supplions par le même Jesus-Christ notre Seigneur. ℟. Ainsi soit-il.

PRIERES pour le Salut des jours des Fêtes de la sainte Vierge.

A la Procession on chante, Pange, lingua. *pag.* 18. *Arrivé à la Chapelle de la sainte Vierge, on chante l'Ant.* Sub tuum præsídum. *pag.* 48. *Les Litanies de la Vierge*, ibid. *après quoi le Célébrant entonne l'Hymne qui suit :*

SACRIS solémniis
Juncta sint gáudia,
Et ex præcórdiis
Sonent præcónia :
Recédant vétera,
Nova sint ómnia,
Corda, voces & ópera.

CÉlébrons avec allégresse cette auguste solemnité; & que nos hommages partent du plus intime de nos cœurs : que tout ce qui reste de l'ancien levain disparoisse; & que tout soit nouveau en nous, le cœur, le langage & les œuvres.

NOCTIS recólitur
Cœna novíssima,
Quâ Christus créditur
Agnum & ázyma
Dedísse frátribus,
Juxta legítima
Priscis indúlta pátribus.

Nous rappellons le souvenir de la derniére Cène, où nous sçavons que Jesus-Christ mangea la Pâque avec ses Disciples, selon l'ordonnance qui en avoit été faite à leurs peres.

POST Agnum týpicum,
Explétis épulis,
Corpus Domínicum
Datum Discípulis,

Après avoir mangé l'Agneau figuratif, & terminé le souper légal, Jesus-Christ donna de ses propres mains son corps à ses Disciples;

& nous faisons profession de croire qu'il se donna tout entier à tous, & tout entier à chacun d'eux.	Sic totum ómnibus Quod totum síngulis, Ejus fatémur mánibus.
Il donne à ses Disciples, encore foibles sa chair divine pour les fortifier : il présente à ses amis affligés une coupe délicieuse, qui contient son sang adorable ; & il leur dit : Prenez ce calice, & buvez-en tous.	DEDIT fragílibus Córporis férculum : Dedit & tristibus Sánguinis póculum, Dicens : Accípite Quod trado vásculum ; Omnes ex eo bibite.
Il établit ainsi le sacrifice adorable de la nouvelle alliance, dont il voulut que les Prêtres seuls fussent les ministres ; ordonnant qu'ils le distribuassent aux fidéles après s'en être nourris eux-mêmes.	SIC sacrifícium Istud instituit, Cujus officium Committi vóluit Solis Presbyteris, Quibus sic cóngruit Ut sumant & dent céteris.
Le Pain des Anges devient le pain de l'homme : ce Pain céleste fait disparoître les figures qui l'avoient annoncé. O prodige inoui ! un pauvre, un vil esclave est admis à se nourrir de son Créateur.	PANIS Angélicus Fit panis hóminum : Dat panis cœlicus Figúris términum. O res mirábilis ! Mandúcat Dóminum Pauper, servus & húmilis.
O Dieu, unique en trois personnes, daignez visiter ceux qui vous adorent : faites-nous marcher dans les sentiers qui conduisent à vous ; afin de jouir pendant toute l'éternité, de cette lumière que vous habitez. Ainsi soit-il.	TE, trina Déitas Unaque, póscimus ; Sic nos tu vísita Sicut te cólimus : Per tuas sémitas Duc nos quò téndimus, Ad lucem quam inhábitas. Amen.

De retour au Sanctuaire, les ostentions se font, & on finit le Salut à l'ordinaire; après quoi le Célébrant dit le Ps. De profúndis. *pag.* 18. *& l'Oraison,* Deus, véniæ largítor. *pag.* 53.

Pour le jour de la Présentation, *fête de la Confrérie, on suit le Bréviaire & le Missel Romain pour les Vêpres & la Messe.*

Oraison a la sainte Vierge, *après la recommandation de l'ame.*

Vierge sainte, objet des complaisances éternelles du Pere céleste, Mere de Dieu fait homme pour nous, digne Epouse de l'Esprit saint, Reine des cieux, tendre mere des Chrétiens, protectrice de cette pieuse Confrérie, humiliés à vos pieds nous implorons pour notre Sœur votre puissante médiation auprès de votre cher Fils, qui vous comblant de toute sa gloire sur son thrône divin, vous a rendu Souveraine de l'inépuisable trésor de ses miséricordes. Montrez que vous êtes notre Mere; exaucez nos priéres; honorez de votre présence cette ame languissante qui s'est consacrée à vous par la plus fervente dévotion; assistez à son lit de douleur; demandez pour elle le triomphe, la victoire sur le démon, la mort des justes, la persévérance dans son fidele attachement à Dieu, la vigilance des Vierges prudentes, pour mériter d'entrer dans la salle du festin, & partager votre joie aux noces immortelles de l'Agneau sans tache, l'unique objet de notre bonheur éternel. Ainsi soit-il.

FIN.

www.ingramcontent.com/pod-product-compliance
Ingram Content Group UK Ltd.
Pitfield, Milton Keynes, MK11 3LW, UK
UKHW020936180726
13838UKWH00002B/976